中国社会科学院创新工程学术出版资助项目

夏洪胜　张世贤◎主编

U0671591

21世纪工商管理文库

技术开发与管理

Technology Development and Management

经济管理出版社

ECONOMY & MANAGEMENT PUBLISHING HOUSE

图书在版编目（CIP）数据

技术开发与管理/夏洪胜，张世贤主编. —北京：经济管理出版社，2013.4
（21世纪工商管理文库）
ISBN 978-7-5096-2341-1

Ⅰ.①技⋯　Ⅱ.①夏⋯②张　Ⅲ.①技术开发—研究②技术管理—研究　Ⅳ.①F062.4②F204

中国版本图书馆CIP数据核字（2013）第036962号

组稿编辑：何　蒂
责任编辑：孙　宇
责任印制：杨国强
责任校对：陈　颖

出版发行：经济管理出版社
　　　　　（北京市海淀区北蜂窝8号中雅大厦A座11层　100038）
网　　址：www. E-mp. com. cn
电　　话：（010）51915602
印　　刷：三河市延风印装厂
经　　销：新华书店
开　　本：720mm×1000mm/16
印　　张：14.75
字　　数：242千字
版　　次：2014年3月第1版　2014年3月第1次印刷
书　　号：ISBN 978-7-5096-2341-1
定　　价：42.00元

总　序

　　1911 年，泰勒《科学管理原理》的发表标志着管理学的诞生。至今，管理学已经走过了整整 100 年，百年的实践证明，管理学在推动人类社会进步和中国改革开放中发挥了巨大的作用。在这个具有历史意义的时刻，我们也完成了《21世纪工商管理文库》的全部编写工作，希望以此套文库的出版来纪念管理学诞生 100 周年，并借此机会与中国企业的管理者们进行交流与探讨。

　　"绝不浪费读者的时间"，这是我在筹划编写本套文库时所坚持的第一理念。时间是管理者最宝贵的资源之一，为了让读者尽可能高效率地学习本套文库，我们的团队力求通过精练的文字表达和鲜活的案例分析，让读者在掌握基础知识的同时获得某种思维上的灵感，对解决企业实际中遇到的问题有所启发，同时也获得阅读带来的轻松和愉悦。"绝不浪费读者的时间"，这是我们对您的承诺！

一、编写《21 世纪工商管理文库》的出发点

　　本人从事工商管理领域的学习、研究、教学和实践工作多年，在这一过程中不断探索和思考，形成了自己的一系列观点，其中的一些观点成为编写本套文库的出发点，希望能尽我微薄之力，对我国企业的发展有所帮助。

　　1. 工商管理是一门应用性极强的学科，该领域的基础理论成果基本上来源于以美国为主的西方国家。在工商管理领域的研究方面，我国应该将重点放在应用研究上。

2. 工商管理在很大程度上受制度、历史、文化、技术等因素的影响。对于源自西方国家的工商管理基础理论，我们切不可照搬照抄，而应该在"拿来"的基础上根据我国的实际情况加以修正，然后将修正后的理论运用于我国的实践。

3. 目前，我国的 MBA、EMBA 所用的经典教材多数是西方国家的翻译版本，不仅非常厚，内容也没有根据中国的实际情况进行调整，在学时有限的情况下学生普遍无法学通，更谈不上应用，这可以从众多的学位论文和与学生的交流中看出。

4. 做企业，应该先"精"后"强"再"大"，并持续地控制风险，只有这样才能保证企业之树长青。而要做到这些，一个非常关键的因素就是对工商管理知识的正确运用，所以，无论多忙，我国的企业管理者们都务必要全面系统地学习适合国情的工商管理知识，以提升企业的软实力。

5. 随着国际化程度的加深，我国急需一批具有系统的工商管理知识和国际化视野且深谙国情的企业家，这一群体将成为我国企业走向国际化的希望。企业的中高层管理者是这一批企业家群体的预备军，因此，我们应该尽力在我国企业的中高层管理者中培育这个群体。

"路漫漫其修远兮，吾将上下而求索"。企业是国家的经济细胞，也是国家强盛的重要标志之一。当今世界，企业间的竞争日趋激烈，我国企业的管理者们要有强烈的危机意识和竞争意识，必须从人、财、物、信息、产、供、销、战略等各方面全方位地提升我国企业的管理水平，力争建成一批世界知名的和有国际影响力的中国企业，这批企业将是中国经济的基础和重要保障。我希望本套文库能够与中国企业中高层管理者的实践碰撞出灿烂的火花，若能如此，我多年的心血和我们团队的工作便有了它存在的价值。

二、《21 世纪工商管理文库》的内容

中国企业非常需要有一套适合中国国情的工商管理文库，博览以往工商管理类的书籍，它们对中国企业的发展确实起到了非常重要的作用，但是却鲜有一套文库的内容可以同时将基础性的知识、前沿性的研究和最适合在中国应用的理论

序

结合工商管理内容的本质，以深入浅出、通俗易懂的表达方式全面呈现出来。由于中国的中高层企业管理者用在读书学习上的时间非常有限，这就要求本套文库能让企业管理者花较少的时间，系统地掌握其内容并加以运用。

鉴于此，本人与国内外同行进行了深入的探讨，同时，也与一大批内地、港澳台地区及国外企业家和学者进行了广泛的接触与交流，并实地调研了大量中外企业。在此基础上，仔细查阅了国内外著名大学商学院的有关资料，并结合自己的研究，首次构建并提出了如图Ⅰ所示的工商管理内容模型。该模型经过数十次的修正，直到工商管理理论研究同行与实践中的企业家们普遍认可后才确定下来。它由31本书组成，平均每本200页以上，基本涵盖了工商管理的主要内容，是目前我国较为系统、全面并适合中国企业的工商管理文库。

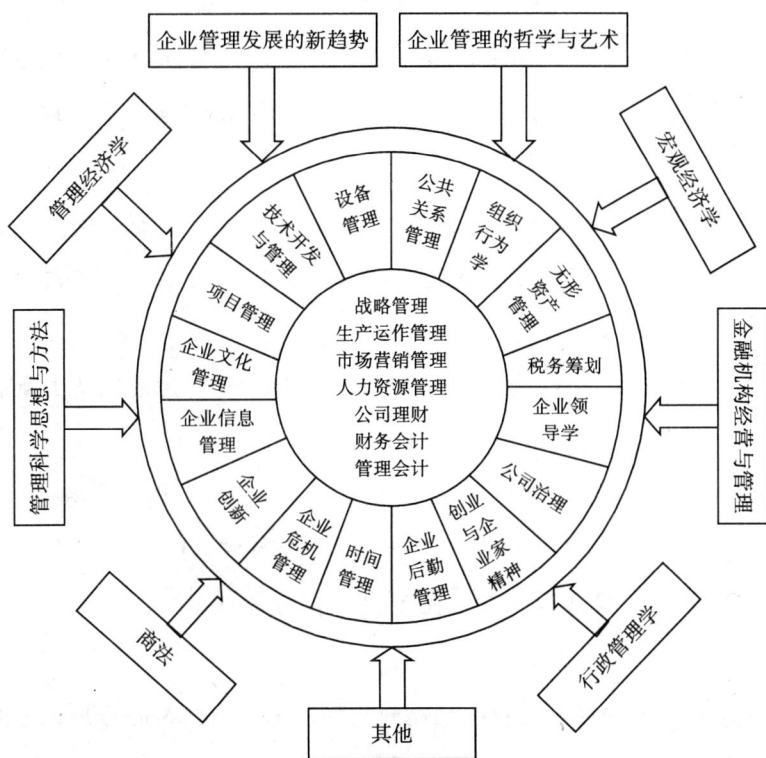

图Ⅰ　工商管理内容模型

该工商管理内容模型共分为如下三个部分：

第一部分为核心内容（图Ⅰ中小圆内部分）。该部分内容共分为7个方面：①战略管理；②生产运作管理；③市场营销管理；④人力资源管理；⑤公司理财；⑥财务会计；⑦管理会计。

以上7个方面的内容是工商管理最基本的部分，也是工商管理最核心的部分，这些内容是任何企业都应该具有的。可以说，工商管理其他方面的内容都是围绕这7个方面的内容展开的。这7个方面的内容各有侧重又彼此关联。

我们称这7个方面的内容为工商管理的核心系统，该系统是工商管理专业的核心课程。

第二部分为辅助内容（图Ⅰ中小圆与大圆之间部分）。该部分内容共分为16个方面：①企业领导学；②公司治理；③创业与企业家精神；④企业后勤管理；⑤时间管理；⑥企业危机管理；⑦企业创新；⑧企业信息管理；⑨企业文化管理；⑩项目管理；⑪技术开发与管理；⑫设备管理；⑬公共关系管理；⑭组织行为学；⑮无形资产管理；⑯税务筹划。

以上16个方面的内容是工商管理的辅助内容。不同行业的企业和企业发展的不同阶段都会不同程度地运用到这些内容。这16个方面的内容与核心系统一起构成了企业管理的主要内容。

我们称这16个方面的内容为工商管理的辅助系统，该系统是工商管理专业的选修课程。

第三部分为支撑内容（图Ⅰ中大圆外部分）。该部分内容共分为8个方面：①宏观经济学；②金融机构经营与管理；③行政管理学；④商法；⑤管理科学思想与方法；⑥管理经济学；⑦企业管理发展的新趋势；⑧企业管理的哲学与艺术。

以上8个方面的内容对企业管理起到支撑、支持或制约的作用，企业管理的思想、方法、环境等都与这些内容密切相关，甚至企业管理的绩效直接与这8个方面的内容有关。

我们称这8个方面的内容为工商管理的支撑系统，该系统是工商管理专业的公共必修课程。

需要说明的是，在该模型中，我们标出了"其他"，这是由于工商管理的内容非常丰富，其模型很难包罗万象，而且工商管理本身也在发展中，无论是核心系统、辅助系统，还是支撑系统，都可能在内容上发生变化。因此，我们将该模型中没有表明的内容用"其他"表示。

综上所述，整个工商管理内容模型是由核心系统、辅助系统、支撑系统三大系统组成。我们也可称之为工商管理的三维系统，其中，核心系统和辅助系统构成了企业管理的主要内容。

我们进一步将核心系统和辅助系统按照关系密切程度划分为 5 个子系统，它们分别是：

子系统 1：战略管理、企业领导学、公司治理、创业与企业家精神、企业后勤管理、时间管理、企业危机管理、企业创新、企业信息管理、企业文化管理。该子系统各部分都会对企业产生全局性的影响。

子系统 2：生产运作管理、项目管理、技术开发与管理、设备管理。该子系统各部分技术性强，偏重定量分析，且各部分之间关系密切。

子系统 3：市场营销管理、公共关系管理。该子系统各部分之间关系密切，公共关系的有效管理有助于市场营销管理。

子系统 4：人力资源管理、组织行为学。该子系统各部分之间关系密切，组织行为学是人力资源管理的基础。

子系统 5：公司理财、财务会计、管理会计、无形资产管理、税务筹划。该子系统各部分之间关系密切，公司理财、财务会计、管理会计构成了企业的财务管理体系，同时也是无形资产管理、税务筹划的基础。

以上 5 个子系统也可以作为企业管理的 5 个主要研究方向：①战略管理方向；②生产运作管理方向；③市场营销管理方向；④人力资源管理方向；⑤财会管理方向。其中，战略管理是企业的定位；生产运作管理是企业的基石；市场营销管理是企业生存的手段；人力资源管理是企业的核心；财会管理是企业的灵魂。

当然，工商管理内容模型中的各个部分不是孤立存在的，它们彼此之间常常是有关联的，甚至有些内容还有交叉。如"采购管理"作为企业管理中非常重要的内容，本套文库在生产运作管理、项目管理和企业后勤管理三本书中均有涉及。虽然三本书中关于"采购管理"的内容均有关联和交叉，但三本书中所呈现出来的相应内容的侧重点又是不同的。

三、《21 世纪工商管理文库》的内容本质

通过多年来对国内外工商管理理论与实践的研究，我们认为《21 世纪工商管理文库》的内容本质可以精辟地概括成如表 I 所示。

表 I 《21 世纪工商管理文库》的内容本质

书名	内容本质
1.战略管理	找准企业内部优势与外部环境机会的最佳契合点，并保持可持续发展
2.生产运作管理	依据市场的需求和企业的资源，为客户生产和提供物超所值的产品
3.市场营销管理	以有限的资源和真实的描述，尽可能让企业的目标客户了解并购买企业的产品
4.人力资源管理	适人适才、合理分享、公平机会、以人为本、真心尊重，创造和谐快乐的工作环境
5.公司理财	使公司的资产保值增值并在未来依然具有竞争力
6.财务会计	合规、及时、准确地制作财务会计报表，并运用财务指标评价企业的经营状况
7.管理会计	让管理者及时、准确地了解其经营活动与各项财务指标的关系并及时改善
8.企业领导学	道德领导、诚信经营、承前启后、继往开来
9.公司治理	以科学的制度保障权力的相互制衡，维护以股东为主体的利益相关者的利益
10.创业与企业家精神	发现和捕获商机并持续创新
11.企业后勤管理	通过企业的间接管理活动，使其成本最低和效率最高
12.时间管理	依重要和缓急先后，合理分配时间，从而达成目标
13.企业危机管理	大事化小，小事化了，转危为机
14.企业创新	快半步就领先，持续保持竞争优势
15.企业信息管理	及时和准确地为管理者提供相关的管理信息
16.企业文化管理	以共同的信念和认同的价值观引领企业达到具体的目标
17.项目管理	以有限的资源保质保量完成一次性任务
18.技术开发与管理	将未来的技术趋势转化为商品的过程与管理
19.设备管理	使设备具有竞争力且寿命最长和使用效率最高
20.公共关系管理	使企业与所有利益相关者的关系最和谐且目标一致
21.组织行为学	科学组建以人为本的有效团队

书名	内容本质
22.无形资产管理	化无形为有形，持续发展无形的竞争优势
23.税务筹划	合法、有道德且负责任的节税手段
24.宏观经济学	保持国民经济可持续和健康发展的理论基础
25.金融机构经营与管理	服务大众，科学监管
26.行政管理学	科学制定"游戏"规则，构建长富于民的政府管理机制
27.商法	维护经济秩序并保护企业或个人的合法权益
28.管理科学思想与方法	以可靠准确的数据为基础，优化各类资源的使用效率和效果
29.管理经济学	微观经济学的理论在企业经营决策中的应用
30.企业管理发展的新趋势	企业未来的管理方向
31.企业管理的哲学与艺术	刚柔并济，共创所有利益相关者的和谐

四、《21世纪工商管理文库》的特色

(一)《21世纪工商管理文库》在叙述方式上的特色

1. 每本书的封面上都对该书的内容本质有精辟的描述，这也是贯穿该书的主线，随后对该书的内容本质有进一步的解释，以便读者能深刻领悟到该书内容的精髓所在；并在总序中对整个《21世纪工商管理文库》的内容本质以表格的形式呈现。

2. 每本书的第一章，即导论部分都给出了该书的内容结构，以便读者能清晰地知道该书的整体内容以及各章内容的逻辑关系。

3. 每本书的每章都以开篇案例开始，且每一节的开头都有一句名人名言或一句对本节内容进行概括的话，以起到画龙点睛的作用。

4. 每本书的基础理论大部分都有案例说明，而且基本上是在中国的应用，尽量使其本土化。

5. 每本书都非常具有系统性、逻辑性和综合性，将复杂理论提炼成简单化、通俗化的语句并归纳出重点及关键点，尽量避免不必要的"理论"或"术语"，表达上简洁明了、图文并茂、形象鲜活。

(二)《21世纪工商管理文库》在内容上的特色

1. 本套文库建立了完整的工商管理内容模型，该模型由核心系统、辅助系统和支撑系统组成。在该模型中，读者能够清晰地看到工商管理内容的全貌以及各

部分内容之间的关系，从而更加有针对性地学习相关内容。这也是本套文库的基本内容框架，从该框架可以看出，本套文库内容全面，具有很强的系统性和逻辑性，且层次分明。

2. 本套文库的内容汇集和整合了古今中外许多经典的、常用的工商管理理论和实践的成果，我们将其纳入本套文库的内容框架体系，使其更为本土化和实用化。可以认为，我们的工作属于集成创新或整合创新。

3. 每本书的内容都以"基础性"、"新颖性"、"适用性"为原则进行编写，是最适合在中国应用的。对于一些不常用或不太适合在中国应用的基础理论没有列入书中。

4. 核心系统和辅助系统（企业管理的主要内容）中的每本书都有对中国企业实践有指导意义的、该领域发展的新趋势，这可以让读者了解到该领域的发展方向，并与时俱进。为了便于读者阅读和掌握各个领域发展的新趋势，我们将本套文库中的所有新趋势汇集为《企业管理发展的新趋势》一书。

5. 核心系统和辅助系统中的每本书都有该领域的管理哲学与艺术，提醒企业不可僵化地运用西方的基本理论，而应该将中国的管理哲学与艺术和西方现代工商管理理论相结合，即将东西方的科学发展观与中国的和谐社会融合起来，这才是真正适合中国本土化的企业管理。为了便于读者阅读和掌握各个领域的管理哲学与艺术，我们将本套文库中的所有管理哲学与艺术汇集为《企业管理的哲学与艺术》一书。

（三）《21世纪工商管理文库》在功能上的特色

1. 有别于程式化的西方 MBA、EMBA 教材。本套文库具有鲜明的中国本土问题意识，在全球化视野的背景下，更多地取材于中国经济快速增长时期企业生存发展的案例。

2. 有别于传统工商管理的理论教化。本套文库强调战术实施的功能性问题，力求对工商管理微观层面的问题进行分析与探讨。

3. 有别于一般的工商管理教科书。本套文库中的每本书从一开始就直接切入"要害"，紧紧抓住"本质"和"内容结构"，这无疑抓住了每本书的"主线"，在叙述方式和内容上，围绕这条"主线"逐步展开，始终秉承"绝不浪费读者时间"和"以人为本"的理念。

4. 有别于一般的商界成功人士的传记或分行业的工商管理书籍。本套文库以适合在中国应用的基础理论为支撑，着力解决各行业中带有共性的问题，以共性来指导个性。这也体现了理论来源于实践并指导实践这一真理。

5. 有别于同类型的工商管理文库。本套文库系统全面、通俗易懂，在叙述方式和内容上的特色是其他同类型工商管理书籍所不具备的，而且本套文库的有些特色目前在国内还是空白，如工商管理内容模型、本质、趋势与哲学等。另外，本套文库在表达方式上也颇具特色。

五、《21世纪工商管理文库》的定位

1. 本套文库可供中国企业的中高层管理人员学习使用。通过对本套文库的学习，中国企业的中高层管理人员一方面可吸收和运用西方的适合在中国应用的基础理论，同时结合中国的管理哲学与艺术，把中国的企业做精、做强、做大，参与国际竞争，并保持可持续成长。

2. 本套文库可作为中国企业的中高层管理人员的培训教材。本套文库系统、全面、案例丰富，基础理论和中国实际结合紧密，这对于全面提高中国企业的中高层管理者的素质和管理水平是很有帮助的。

3. 本套文库可作为中国MBA或EMBA的辅助教材或配套教材，也可作为其他层次工商管理专业的辅助教材或配套教材。和现有的中国MBA或EMBA教材相比较，该套文库是一个很好的补充，而且更易读、易懂、实用。

明确的定位和清晰的理念决定了我们这套文库自身独有的特色，可以令读者耳目一新。

夏洪胜

2013年12月

目　录

第一章　导论

雷蒙化工技术开发领先一步

近年来，由于市面上出现了某些有"毒"的生活用品，使人们越来越关注日用化工产品的安全问题。事实上，大部分日用化工产品是否具有毒性在很大程度上取决于其使用的增塑剂。

柠檬酸酯类产品是一种新型的环保增塑剂。由于柠檬酸酯类产品不具有毒性，因而得到国际上的认可，使其能够广泛地应用于食品、医药仪器包装、化妆品、日用品、玩具等领域。我国于20世纪90年代中期开始研发柠檬酸酯，但是由于技术的原因，柠檬酸酯在国内尚未得到工业化的发展。

江苏雷蒙化工科技有限公司是我国实力较强的化工企业，具有长期从事增塑剂生产和开发的经验，并立足于研发先进的柠檬酸酯增塑剂。经过10年的技术研发，江苏雷蒙化工科技有限公司于2005年实现了柠檬酸酯的工业化生产，该系列产品因其各项技术指标达到国际先进水平，不仅能够满足国内对无毒环保增塑剂的需求，而且还畅销海外，获得了商业化的成功。

资料来源：雷蒙化工技术开发领先一步——柠檬酸酯无毒增塑剂可放心使用［J］.化学经济信息，2006（10）.

【案例启示】科学技术的进步对企业发展的影响与日俱增，能够第一时间致力于技术开发与管理的企业才能在竞争中处于优势地位。雷蒙利用新的环保增塑剂让企业能够在"有毒"保鲜膜的大环境中脱颖而出，这展示了技术对企业的巨大影响力。

本章您将了解到：
● 技术的内涵
● 技术开发与管理的内涵
● 技术开发与管理的特点

第一节　技术的概论

科学技术是第一生产力。

——邓小平

技术伴随着人类的发展而发展，从原始社会到现代社会，人们对技术的认识不断演进。把握当今技术的变革和发展趋势是真正认识技术开发与管理的关键。在认识技术开发与管理之前，首先需要了解什么是技术。

一、技术的内涵

随着社会的不断发展，技术的含义也在不断地变化与更新。最初技术仅指个人的技能、技艺，而到了工业化时期，人们则认为技术属于生产劳动手段的体系。

【拓展阅读】

技术新特点

（1）技术领域已延伸到人类活动的各个方面。人类运用技术的结果就是使其成为人们认识自然、改造自然、进行生产劳动和科学研究的手段。

（2）在技术的发展过程中，科学知识得到了不断的完善，科学成了技术的先导，技术成了科学物化的结果。

（3）技术活动中的物质手段，不仅包括工具、仪器、设备等硬件设施，而且包括如何运用这些硬件的软件设施。

总体来说，技术是一个由有形的物质要素和无形的精神要素所构成的整体系统。技术产生于组织或个人不断改造、控制和适应自然与社会的过程之中，同时遵循一定的客观规律，并且最终用于满足组织和社会的需要。

我们在理解技术的含义时应注意，技术是自然界人工化的手段，需要综合运用科学知识、能力和经验。因此，任何知识形态的东西都不等同于技术。同样，机器设备、运输工具等物质手段也不等同于技术。只有在按照人们所设定的目标运用科学知识和物质手段实现对自然界的控制、改造的过程中，才能找到技术的踪迹。

二、技术的属性

技术是人结合主观和客观等要素创造出来的，并为社会服务，因而技术具有区别于其他事物和现象的特殊属性。概括来说，技术具有自然属性和社会属性。

（一）技术的自然属性

技术是自然规律的自觉运用，必然在自然界的指导下进行。任何技术都必须遵循自然规律，按照自然规律来发展，这是技术的自然属性的重要体现。同时，技术运用过程中会对自然界造成影响，例如生态破坏、环境污染等，这也是技术自然属性的表现。

（二）技术的社会属性

任何技术都是人类有目的的创造，是为人类改造大自然服务的。技术的这种目的性体现出了技术的社会属性。技术的社会属性还表现为技术的发明创造和推广应用都受社会条件的制约，这种制约影响着技术发展的方向、前途和进程。

三、技术的组成要素

一般来说，技术的基本要素是由主体因素和客体因素构成的。

技术的主体因素主要是指在生产活动中积累的经验、技能和知识等；技术的客体因素主要是指工具、控制设备、能源、原材料、服务等。通过分析发现，技术其实是主观能力和客观手段的结合，技术的发展过程也就是技术要素不断更新的过程，任何一个要素的更新，都会推动技术的发展。

四、技术的生命周期

任何技术或技术系统都遵循一定的生命周期规律。技术周期性的发展阶段包括萌芽期、成长期、成熟期、衰退期，如图 1–1 所示。

技术的生命周期能够帮助我们正确地把握技术开发与管理的方向，并使我们清晰地了解到企业目前的技术处于什么阶段，从而制定不同的管理方式。掌握技术生命周期的规律，对保持技术的垄断地位无疑将起到重要作用。

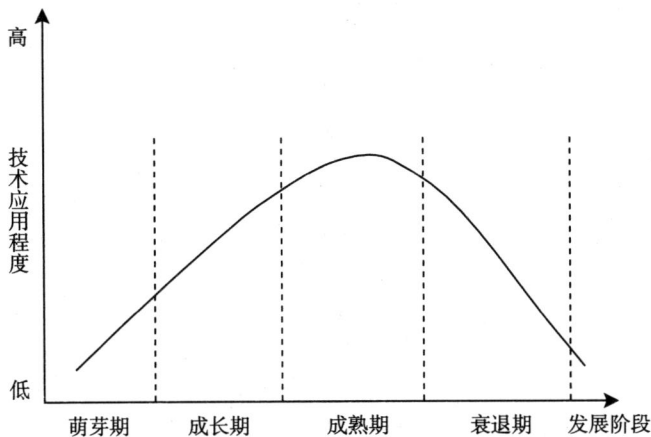

图 1-1　技术的生命周期

第二节　技术开发与管理的内涵及特点

不搞科学技术，生产力无法提高。

——毛泽东

一、技术开发与管理的内涵

（一）技术开发

技术开发也称技术创新，是指通过运用基础研究和应用研究的成要来对原有的产品和技术进行改进，从而创造新技术、新产品，并对研究成果进行推广应用的创新活动。

技术开发的方式多种多样，一般有如下四条技术开发途径，如图 1-2 所示。

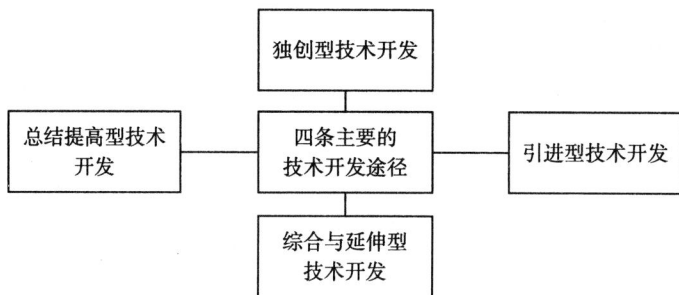

图 1-2 四条主要的技术开发途径

1. 独创型技术开发

独创型技术开发是一种通过独立地进行科学研究而开发出新技术的技术开发途径。这种技术开发的途径主要有以下三个特点：①对基础科学理论进行深入研究，并在取得技术突破后，再进行推广；②所开发的技术成果为全新的技术；③技术开发的过程难度大、耗时长，且对资金及人员素质要求较高。

2. 引进型技术开发

引进型技术开发的方式主要有移植、插条、嫁接和交配。这几种方式各有利弊，企业在选择引进型技术开发的方式时要根据企业目标、人员素质、现有技术以及资金等各方面的因素加以考虑。

【拓展阅读】

引进型技术开发种类

（1）移植，是指直接从外部引进技术与设备，本企业的技术人员必须要理解和掌握引进的技术，以及能够熟练地操作引进的设备。

（2）插条，是指对引进的技术作进一步的改进，从而在此基础上开发新技术。

（3）嫁接，是指在生产过程中，将引进的技术与企业原有的技术相融合，从而达到改进生产的目的。

（4）交配，是指企业与外部技术机构合作，共同开发新技术。

3. 综合与延伸型技术开发

综合型技术开发是一种通过组合多项技术，从而开发出新技术的技术开发途径。延伸型技术开发是一种对现有的技术进行深入研究，从而增强技术项目的技术开发途径。

4. 总结提高型技术开发

总结提高型技术开发是一种通过总结技术应用及生产实践经验而不断提高技术各方面的性能，并开发出新技术的技术开发途径。这种技术开发的途径能够有效地激发员工的工作积极性和创新性。

（二）技术管理

技术管理是指对技术创新活动进行科学的计划、组织、控制的管理过程。

技术管理是技术与管理的融合，是一项十分复杂的工作。因而在技术管理的过程中，我们必须注重组织目标的设定，不论什么管理都应设立合理的目标。同时，在技术管理的过程中，要不断地对技术能力进行培养和积累，以适应不断变化的技术创新，从而增强技术管理的柔性。

二、技术开发与管理的特点

技术开发与管理的特点如图 1-3 所示。

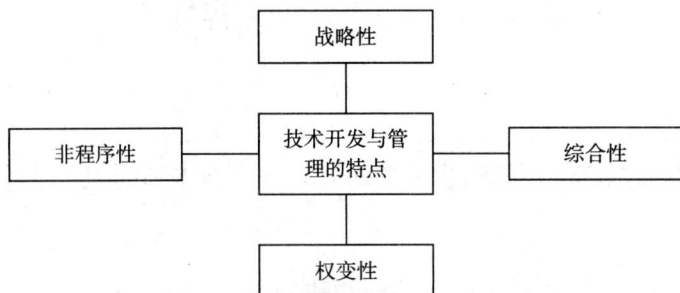

图 1-3 技术开发与管理的特点

（一）战略性

一方面，技术开发与管理包含了从科学研究到技术应用的全过程；另一方面，技术开发与管理和企业的生产运作、市场营销等活动紧密联系在一起。可以说，技术开发与管理在横向和纵向方面都会影响企业的生产经营活动，因此具有战略性特点。

（二）综合性

技术开发与管理涉及的范围较为宽广和全面。在工程科学方面，技术开发与管理涉及了设计、制造、机械、计算机等领域的科学知识；在管理学方面，技术开发与管理涉及战略管理、销售管理、财务管理、生产运作管理、人力资源管理等方面的知识。因此，技术开发与管理具有综合性的特点。

（三）权变性

技术开发与管理具有多面性，在开展技术创新活动时，需要按照一定的规范、计划进行，同时也需要适应迅速变化的外部环境。因此，技术开发与管理需要保持一定的灵活性和权变性。

（四）非程序性

技术开发与管理往往面对的都是不熟悉的问题，没有既定的解决这种问题的程序，需要管理者根据自身的经验和知识作出决策。因此，技术开发与管理具有非程序性特点。

第三节　本书的内容结构

为了使本书内容的逻辑结构更加清晰，特给出本书的内容结构，如图1-4所示。

技术预测、评价与选择

技术投资管理

技术研发管理

技术转移、扩散与商业化

技术商品定价

技术组织管理　技术能力与战略　企业知识管理　新兴技术管理

技术开发与管理发展的新趋势　技术开发与管理的哲学与艺术

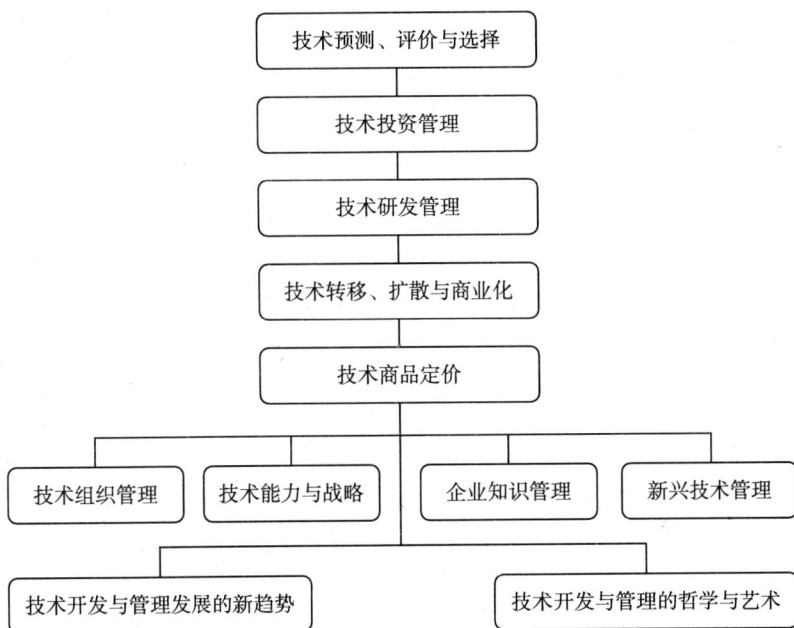

图1-4　本书的内容结构

本章小结

时代的发展往往伴随着技术的进步，二者是相辅相成的。同样，技术管理也成为管理界中一个越来越举足轻重的部分。本章作为本书的导论，介绍了一些技术开发与管理的基本知识。首先，讨论了技术的内涵、属性、组成要素及生命周期，以期对技术相关内容有大致的了解。接着，第二节介绍了技术开发和管理的内涵及其特点。最后，本章给出了全书的内容结构图，这帮助我们对全书形成一个系统的认识。

第二章 技术预测、评价与选择

开篇案例

互联网创造了新技术——在线订票

随着互联网的飞速发展及其安全性的不断提高，越来越多的人趋向于利用互联网来处理工作和生活中的各项事务。根据目前互联网快速发展的形势，美国预视旅行社做出新尝试，开发在线订票技术。消费者利用这一技术，就可以方便快捷地使用互联网来订购所需的机票、火车票、比赛门票等，从而使消费者大大地节省了时间。

在开发这一技术之前，预视旅行社对该项技术进行了预测与评价。通过技术预测与评价，发现该项技术具有很大的可行性，并蕴藏着巨大的商机。于是，预视旅行社设立了一个订票网站，网站设立不久就受到消费者的热烈欢迎，营业额飞快提升，预视旅行社也由此跻身于全美前50大旅行社之列。

如今，互联网在线订票技术得到进一步发展与改进，并且其具体形式已经发生改变。例如，某消费者利用这一技术订购机票，在网络上操作完成后，就不再需要收到实体的机票。到机场以后，该消费者只需要出示身份证或其他相应的证件，就可以直接登机。

资料来源:丹尼尔·佩多索.技术管理及应用 [M].海口:海南出版社,2003.

【案例启示】选择和采用新技术能为企业开创商机，更能为市场开创全新的经营局面。而在技术真正投入市场之前，应该对技术进行预测、评价和选择。技术预测、评价的成果是企业制定技术战略、选择相关技术的重要依据。

> **本章您将了解到：**
> ● 技术预测的内涵与方法
> ● 技术评价主要涉及的因素与方法
> ● 技术选择的具体方法

第一节　技术预测

技术预测是一种系统方法，能够对技术将来可能的发展情况作出估计。

——佚名

一、技术预测的内涵

（一）技术预测的内容

技术预测是指以一定的方法预计和推测某项技术的性能、结构、发展趋势、应用范围及应用前景。

技术预测需要解决四个方面的问题：预测技术的范围与水平；预测技术的性能与特性；预测技术发展及维持的时间；预测技术成功的概率与可信度。针对这四个问题，将技术预测的内容概括为定量、定性、定时与概率估计，如图 2-1 所示。

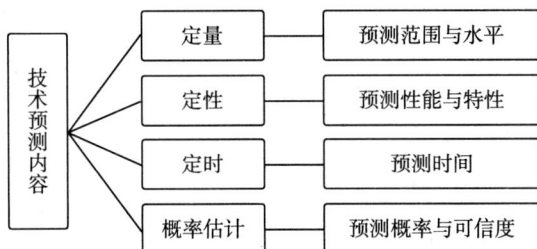

图 2-1 技术预测内容

1. 定量

定量是指以数据或参数的形式来预测技术的性能。如对新上市的电脑来说，运行速度、功耗、内存大小、外形尺寸等定量参数就是预测所要回答的问题。

2. 定性

定性是指预测需要通过何种手段及方法来实现某项技术。如给汽车提供动力可以使用燃气发动机、电动发动机或混合发动机。

3. 定时

定时是指对某项技术的出现时间或延续时间作出估计。如科学家预测，抗癌药品技术将于 2020~2025 年出现。

4. 概率估计

概率估计是指对某项技术指标参数的概率分布进行估计，概率可以用统计单位 0~1.0 或者百分数表示。如电脑每经过 5 年时间，其运算速度有 80% 的概率能提高 10 倍，成本降低到原来的 1/10 的概率大约为 70%。

（二）技术预测的影响因素

在从最初的构思、研发、面世到发展这一过程中，技术都处于一个复杂的环境中，会受到各种因素的影响，这些因素包括当前的经济水平，技术水平，社会观念与客户需求，政治环境、风俗习惯与法律条件等。同样的，技术预测也会受到上述因素的影响。

1. 经济水平因素

要对某项技术进行研发，就需要不断投入大量的资金购买相应的设备及实验材料，此时则需考虑当前是否有足够的经济能力来支撑这项技术的研发。

2. 技术水平因素

技术研发的进行离不开专业的技术人员及丰富的技术知识，此时则需考虑是否具备这样的技术条件。

3. 社会观念与客户需求因素

技术的发展需要得到社会和客户的认同，并要符合客户的需求，不然技术难以得到商业化的发展。

4. 政治环境、风俗习惯与法律条件因素

若某项技术与当前的政治环境有冲突，或者违背了当地的风俗习惯，或者违反了法律法规，这项技术的发展将会大大受阻。

二、技术预测的常用方法

（一）生长曲线法

事物总是经过发生、发展、成熟三个阶段，而每一个阶段的发展速度各不相同。通常在发生阶段，变化速度较为缓慢；在发展阶段，变化速度加快；在成熟阶段，变化速度又趋于缓慢。上述事物三个阶段的发展规律共同形成一条变化曲线，我们将该变化曲线称为生长曲线。

技术的性能变化同样是经历了上述生长曲线中的初期、发展、成熟三个阶段。在初期阶段，技术性能改进较慢，属于摸索阶段；到技术发展阶段，性能迅速改变，快速发展；到成熟阶段，技术发展遇到了瓶颈。技术的性能具有随着时间变化而变化的特征，体现在图形上，类似于 S 形，因此人们常称其为技术生长的 S 形曲线。利用 S 形曲线进行技术预测的方法称为生长曲线法。

【案例 2-1】

发电机运转技术的 S 形曲线

发电机运转技术的发展具有一定的收敛性。由图 2-2 可知，发电机的运转效率主要呈 S 形曲线变化。1960~2000 年，由于发电机运转技术并不成熟，一小步的技术创新与突破就能使发电机运转效率大幅度提升；而到2000年以后，由于发电机运作技术的不断成熟与完善，该技术的发展开始遇到瓶颈，难以再让发电机运转效率提升。

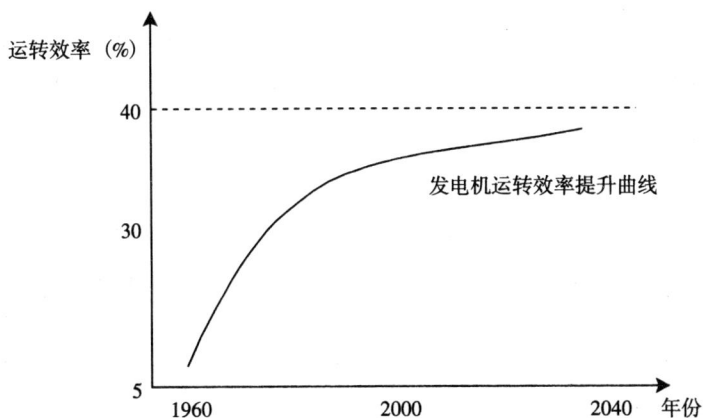

图2-2 发电机运转技术的S形曲线

（二）相关树法

相关树法是一种有次序观察事物的方法，其主要目的在于先制定一个目标，再寻找各种到达目标的不同路径。此时通过能否达到所制定的目标来进行评价，从而决定各路径的价值。顾名思义，相关树法是一个树形图，它可以被绘制成一棵从地面生长出来的树木，有一个大型主干，再向上旁开各枝。

利用相关树法进行技术预测的步骤如下：首先确定一个特定目标；其次确定能够达到目标的可供选择的技术路径；再次对各技术路径确定性能目标；又次对其性能目标进行详细的技术预测；最后选择最优备选方案。

【案例2-2】
某企业使用相关树法进行技术预测

某企业的技术目标为提高产品产量，设该技术目标为T。目前，该企业可采用A技术、B技术或C技术达到这一目标，于是将目标T下的三种路径分别设为A、B、C。企业各方案考虑的因素有产能提高程度、工人接受程度、产品质量三项，这三项因素对企业的重要程度分别为0.6、0.3、0.1。三项因素在A、

表 2-1　三项因素在 A、B、C 三种路径下的权重

准则权重	产能提高程度	工人接受程度	产品质量
采用 A 技术	0.6	0.1	0.1
采用 B 技术	0.3	0.3	0.3
采用 C 技术	0.1	0.6	0.6

B、C 三种路径下的权重如表 2-1 所示。

根据上述数据构造相关矩阵，如表 2-2 所示。

表 2-2　相关矩阵

准则权重	产能提高程度 0.6	工人接受程度 0.3	产品质量 0.1	相关树（路径合计）
采用 A 技术	0.36=0.6×0.6	0.03=0.1×0.3	0.01=0.1×0.1	0.4
采用 B 技术	0.18=0.3×0.6	0.09=0.3×0.3	0.03=0.3×0.1	0.3
采用 C 技术	0.06=0.1×0.6	0.18=0.6×0.3	0.06=0.6×0.1	0.3
合计	1.0	1.0	1.0	1.0

对于每一种路径又有不同的备选方案，设 A 路径下有 A_1、A_2、A_3 三种方案，其权重分别为 0.6、0.1、0.3，B 路径下有 B_1、B_2 方案，其权重分别为 0.9、0.1，C 路径下有 C_1、C_2、C_3 方案，其权重分别为 0.2、0.2、0.6。

根据相关矩阵及各路径下方案的权重，画出相关树，如图 2-3 所示。

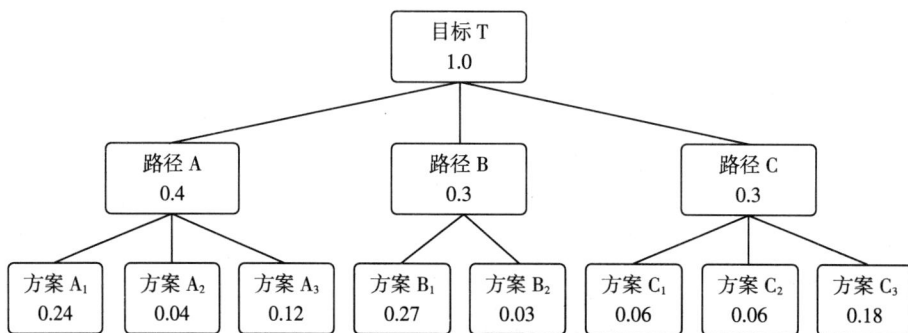

图 2-3　带有权重的相关树

从图 2-3 中发现，相关树权重的确定事实上是一个自上而下递归的过程。利用相关矩阵，可以自下向上逐层确定权重。通过计算发现，方案 B_1 是最优方案。

资料来源：陈劲，王方瑞. 技术创新管理 [M]. 北京：清华大学出版社，2006.

（三）导前—滞后相关分析法

通常，某一项技术的出现和发展会带动另一项技术的出现和发展。对于先出现的技术，我们称为导前技术；对于后出现的技术，我们称为滞后技术。滞后技术是一种可移植的技术，导前—滞后相关分析法能够对这一类技术进行准确的预测。

【案例2-3】
临床医用药研发技术与保健药品研发技术的导前—滞后相关分析

临床医学用药研发技术与保健药品研发技术具有一定的相关性。图2-4反映了1960~2000年临床医用药和保健药品的技术研发发展趋势。由图2-4可知，临床医用药研发技术的出现要先于保健药品研发技术，并且前一项技术的发展趋势要强于后一项技术的发展趋势。由此可见，临床医用药研发技术具有导前性，而保健药品研发技术具有滞后性，并且，导前的临床医用药研发技术在一定程度上影响和带动了滞后的保健药品研发技术。

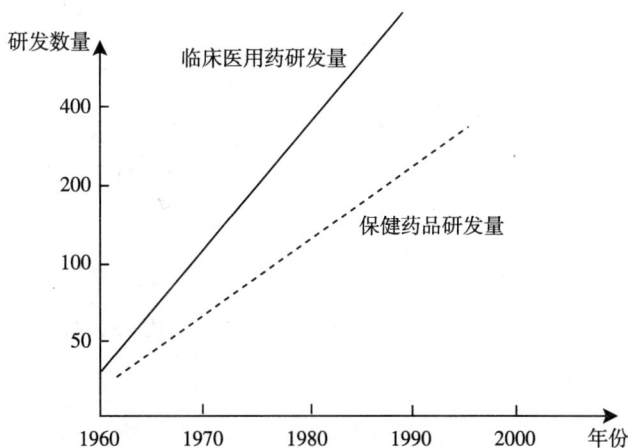

图2-4 临床医用药研发技术和保健药品研发技术的关系

（四）德尔菲法

1. 德尔菲法的内容

德尔菲法是由美国兰德公司提出的，这种方法主要是通过邀请领域内权威的专家以匿名的形式提供他们的意见，以此来进行技术预测。目前德尔菲法被公认为是最有效的定性预测法。

2. 德尔菲法的步骤

德尔菲法的基本步骤如图 2-5 所示。

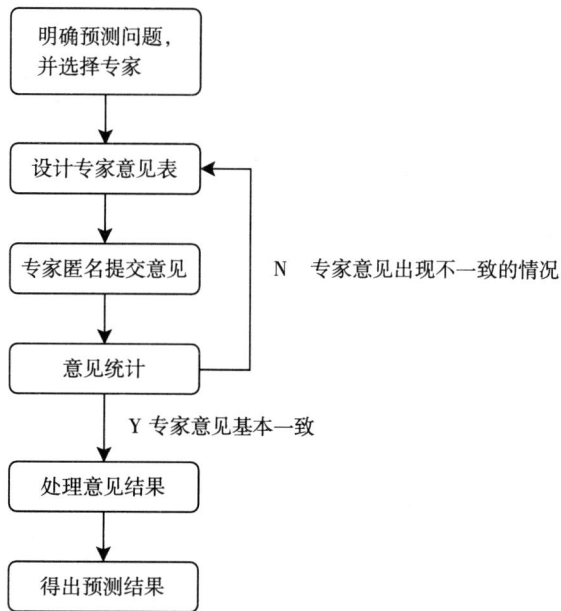

图 2-5　德尔菲法的步骤

（1）明确预测问题，并选择专家。进行技术预测时，明确预测问题，才能清楚地知道该邀请哪个行业或领域内的专家。专家的选择是进行德尔菲法的关键。选择专家时，应优先选择与预测问题相关领域内的专家。同时，专家人数也是德尔菲法的一个主要因素，通常专家人数最好设置为 10~50 人。邀请专家时，还需要注意避免出现专家间相互交流的情况。

（2）设计专家意见表。预测结果的准确性很大程度上取决于专家意见表的设计。专家意见表的设计应尽可能客观、精练、清楚、准确，避免意见表出现主观、歧义或模棱两可的情况，从而误导专家，也使预测失去意义。

（3）专家匿名提交意见。专家以匿名的形式提交意见，不公开自己的观点，也不与其他参与预测的专家联系，从而避免出现意见的趋同性现象。

（4）意见统计。收集各专家的意见，进行整理。当专家意见出现较大分歧的时候，将该信息反馈给各专家，并再一次设计专家意见表，请专家再次填写。专家可根据其他专家的意见修改自己的意见。反复进行（2）、（3）、（4）步骤，直至得出基本一致的意见。

（5）处理意见结果及得出预测结果。经过多次意见征询，得到基本一致的结果后，要对意见结果进行处理，从而得出预测结果。通常，德尔菲法会选取意见数据的中位数去计算预测结果。例如，图 2-6 为 13 位专家对某项技术发展指数的预测值的排列图，图中 5 为中位数。

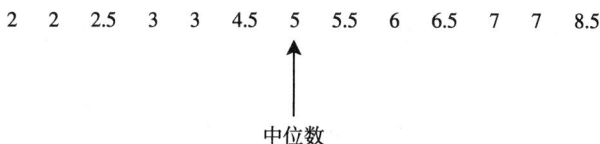

图 2-6　13 位专家对某项技术发展指数的预测值的排列图

【案例 2-4】

德尔菲法对技术产品的预测

A 公司研制出一种新型的技术产品，并准备在下一年对该产品进行商业化推广。为了决定该技术产品的销量，A 公司聘请了 10 位专家预测其可能的销售量。10 位专家提出个人判断，经过三次反馈得到如表 2-3 所示的结果。

表 2-3　技术产品销售量预测表

单位：万件

专家编号	第一次判断			第二次判断			第三次判断		
	最低销售量	最可能销售量	最高销售量	最低销售量	最可能销售量	最高销售量	最低销售量	最可能销售量	最高销售量
1	150	750	900	600	750	900	550	750	900
2	200	450	600	300	500	650	400	500	650
3	400	600	800	500	700	800	500	700	800
4	750	900	1500	600	750	1500	500	600	1250
5	100	200	350	220	400	500	300	500	600

续表

专家编号	第一次判断			第二次判断			第三次判断		
	最低销售量	最可能销售量	最高销售量	最低销售量	最可能销售量	最高销售量	最低销售量	最可能销售量	最高销售量
6	300	500	750	300	500	750	300	600	750
7	250	300	400	250	400	500	400	500	600
8	260	300	500	350	400	600	370	410	600
9	300	500	750	300	500	750	300	600	750
10	260	300	500	350	400	600	370	410	610
平均数	297	480	705	377	530	755	399	557	751

1. 使用平均值进行预测

使用 10 位专家第三次判断的平均值计算，则预测的平均销售量为：

$(399 + 557 + 751) \div 3 = 569$（万件）

2. 使用加权平均值进行预测

将 10 位专家第三次判断的最低销售量、最可能销售量、最高销售量分别按 0.2、0.5 和 0.3 的概率加权平均，则预测平均销售量为：

$399 \times 0.2 + 557 \times 0.5 + 751 \times 0.3 = 584$（万件）

3. 使用中位数进行预测

将 10 位专家的第三次判断按预测值高低排列如下：

最低销售量：

300　300　300　370　370　400　400　500　500　550

则最低销售量的中位数为：

$(370 + 400) \div 2 = 385$（万件）

最可能销售量：

410　410　500　500　500　600　600　600　700　750

则最可能销售量的中位数为：

$(500 + 600) \div 2 = 550$（万件）

最高销售量：

600　600　600　610　650　750　750　800　900　1250

则最高销售量的中位数为：

$(650 + 750) \div 2 = 700$ （万件）

由此可见，10 位专家第三次判断的最低销售量、最可能销售量和最高销售量的中位数分别为：385、550、700。

将 10 位专家第三次判断的最低销售量、最可能销售量、最高销售量的中位数分别按 0.2、0.5 和 0.3 的概率加权平均，则预测平均销售量为：

$385 \times 0.2 + 550 \times 0.5 + 700 \times 0.3 = 562$ （万件）

A 公司认为使用中位数进行销售量的预测更加准确，更加符合该公司技术预测的需求，因此其将预期销售量定为 562 万件。由该案例可知，德尔菲法能够帮助企业对其技术产品进行准确的预测。

资料来源：徐国强. 统计预测和决策 [M]. 上海财经大学出版社，2005.

第二节　技术评价与选择

技术的发展必定具有可能性，但不一定具有可行性，因此必须对技术的可行性进行相应的评价，才能使技术的可能性得以进一步发挥。

——佚名

一、技术评价的内容

企业通过预测确定某项技术具有发展前景后，不可能马上对该项技术投入资源，进行研发，企业还需要评价该项技术是否具有可行性。评价一项技术是否具有可行性，主要考虑的因素为经济因素、技术因素和社会因素。

（一）经济因素方面的技术评价

企业的最终目的是利用技术实现盈利，因此评价技术的长远经济效益是技术评价关键的一步。经济方面的技术评价指标主要有投资报酬率、净现值、内含报酬率。

1. 投资报酬率

投资报酬率（ROI）是指利润与投资总额的比值。在技术评价中，投资报酬率能够明确表明一段时期内，某项技术投资所带来的经济收益。

投资报酬率的计算公式为：

$$投资报酬率（ROI）= \frac{年利润或年平均利润}{投资总额} \times 100\%$$

2. 净现值

净现值（NPV）是指计算投资方案的未来现金流入量与未来现金流出量之间现值的差额。

NPV > 0 时，说明投资项目具有正的净现金流，该项目投资报酬率大于投资者的预期报酬率，并能为企业创造财富；NPV = 0 时，说明投资项目没有净现金流，该项目投资报酬率等于投资者的预期报酬率；NPV < 0 时，说明投资项目具有负的净现金流，该项目投资报酬率小于投资者的预期报酬率，并会减少企业财富。

净现值的计算公式为：

$$NPV = \sum_{k=0}^{n} \frac{I_k}{(1+i)^k} - \sum_{k=0}^{n} \frac{O_k}{(1+i)^k}$$

其中，i 为预期的折现率，即投资者的预期报酬率；I_k 为第 k 年项目的现金流入量，即效益；O_k 为第 k 年项目的现金流出量，即成本。

【案例 2-5】

某技术项目现金流分析

某技术项目未来的各年现金流量如表 2-4 所示，如果投资者的预期报酬率为 10%，请问该技术项目是否可行？

表2-4 某技术项目的现金流量表

单位：万元

时间	0	1	2	3	4	5
现金流	−200	−400	−300	300	200	250

注：负值表示现金流出，正值表示现金流入。

$$NPV = -200 - 400 \times (P/F, 10\%, 1) - 300 \times (P/F, 10\%, 2)$$
$$+ 300 \times (P/F, 10\%, 3) + 200 \times (P/F, 10\%, 4)$$
$$+ 250 \times (P/F, 10\%, 5)$$
$$= -200 - 400 \times 0.909 - 300 \times 0.826 + 300 \times 0.751 + 200 \times 0.683$$
$$+ 250 \times 0.621$$
$$= -294.25 \text{（万元）}$$

其中，P表示现值，F表示终值，$(P/F, i, n)$表示复利现值系数，且$(P/F, i, n) = 1/(1 + i)^n$，i代表预期报酬率，n代表年数。经查复利现值系数$(P/F, i, n)$表可知，$(P/F, 10\%, 1) = 0.909$；$(P/F, 10\%, 2) = 0.826$；$(P/F, 10\%, 3) = 0.751$；$(P/F, 10\%, 4) = 0.683$；$(P/F, 10\%, 5) = 0.621$。

由于NPV < 0，表示该技术项目不会产生正的净现金流，所以该技术项目不可行。

3. 内含报酬率

在讨论内含报酬率之前先要了解内插法。我们所讲的内插法一般指的是"直线插入法"。其原理是，若A (i_1, b_1)，B (i_2, b_2)为两点，则点P (i, b)在上述两点确定的直线上。而工程上常用的为i在i_1、i_2之间，从而P在点A、点B之间，故称"直线插入法"。直线内插法说明点P反映的变量遵循直线AB反映的线性关系。由上述公式可得，A、B、P三点共线，则由 $(b - b_1)/(i - i_1) = (b_2 - b_1)/(i_2 - i_1) =$ 直线斜率，变换即得所求i。

内含报酬率（IRR），是指未来现金流入量与未来现金流出量相等时的折现率，也就是使项目的净现值等于零时的折现率。一般利用内插法计算内含报酬率，再根据企业的资本成本或最低预期报酬率进行投资方案取舍。企业一般选择内含报酬率大于资本成本或最低预期报酬率的投资方案。

对技术项目进行分析及评价时，若计算得出的某一技术项目的内含报酬率大于企业预定最低的投资报酬率，则该技术项目可行；反之，该技术项目不可行。下面用一个案例说明内含报酬率的运用过程。

【案例 2-6】

某项目内含报酬率分析

某技术项目的现金流量如表 2-5 所示。假设投资者最低报酬率为 10%，试用内含报酬率法判断该项目在经济效果上是否可行。

表 2-5 某技术项目的现金流量

单位：万元

时间	0	1	2	3	4	5
现金流量	-20	6.5	6.5	6.5	6.5	6.5

注：负值表示现金流出，正值表示现金流入。

解：设 IRR 为 i，先计算一个大致的年金现值系数：

$$6.5 \times (P/A, IRR, 5) - 20 = 0$$

$$(P/A, IRR, 5) = \frac{20}{6.5} = 3.077$$

其中，$(P/A, i, 5)$ 表示年金现值系数，且 $(P/A, i, n) = [1 - (1 + i)^{-n}]/i$。经查年金现值系数表可知，3.077 处于 i 为 18% 所对应的年金系数 3.127 及 i 为 20% 所对应的年金系数 2.991 之间。

采用内插法计算内含报酬率，其计算方法如下：

报酬率	年金现值系数
18%	3.127
i	3.077
20%	2.991

$$IRR = 18\% + \frac{3.077 - 3.127}{2.991 - 3.127} \times (20\% - 18\%) = 18.74\%$$

该技术项目的内含报酬率为 18.74%，大于最低报酬率 10%，因此该技术项目可行。

资料来源：骆永菊，郑蔚文.财务管理实用教程［M］.北京：北京大学出版社，2009.

（二）技术因素方面的技术评价

1. 评价技术是否能与企业原有的技术环境兼容

在技术因素下的技术评价首先要明确的问题是，该技术是否能够与企业目前的技术环境兼容；是否能够得到最终实现；企业的技术设备是否能支持这一项技术的研发；企业的技术人员是否具备研发和改进该项技术的技术知识与技术能力。

2. 评价技术是否具有先进性

如果一项技术与同类技术相比，不具有先进性，那么企业对这项技术的研发没有意义。技术先进性的评价最常用的方法为加权评分法。加权评分法是指对技术的各方面指标进行评分，然后加权求和，得出该项技术的总得分。将该项技术的总得分与其他技术的得分作比较，最终就能评价该项技术是否比其他同类技术更先进。

3. 评价技术是否具有发展潜力

技术不仅要满足当前的生产要求与客户需求，还要具备发展潜力，经过改进与发展之后，能够顺应未来的生产要求与客户需求。因此企业在进行技术因素的技术评价时，技术是否具有发展潜力是一个不能忽视的考虑要素。

（三）社会因素方面的技术评价

任何企业都应具有一定的社会责任。企业通过对社会的贡献，可以树立良好的社会形象，有助于企业进一步发展。企业在进行技术评价时，也应考虑这项技术是否能为社会做出贡献。例如，某企业评价一项技术，发现该项技术尽管能大大地提高产能，但排放出更多的废气，破坏环境，最终该企业还是放弃了这项技术。

二、技术评价的方法

（一）核查表法

核查表法是指将技术评价需要考虑的因素全部列出来，然后按照一定标准进行归类，起到提醒管理者的作用。核查表法应用起来比较简单，受到广大企业管理者的欢迎，应用颇为广泛，如表2-6所示。

表2-6　技术综合评价的构成因素

A. 企业战略、策略、改革和价值标准	1. 是否与企业的战略目标相适应
	2. 是否能对目前企业战略的改变提供保证
	3. 是否与企业未来设想一致
	4. 技术发展是否与企业改革态度一致
B. 市场营销标准	1. 是否能满足预测的市场需求
	2. 总市场规模
	3. 新产品的市场份额
	4. 产品寿命周期长短
	5. 技术商业化的可能性
	6. 预计技术产品销量
	7. 时间期限和市场计划的关系
	8. 技术产品对现行产品的影响
	9. 技术产品定价和顾客接受程度
	10. 与现行分销渠道的兼容性
	11. 竞争地位
C. 技术研究与开发标准	1. 是否与企业技术创新战略一致
	2. 若不一致，是否有理由改变原来的技术创新战略
	3. 技术上成功的可能性
	4. 开发费用和完工期
	5. 专利地位
	6. 可获得的技术创新资源
	7. 产品未来发展情况及新技术的应用
	8. 对其他项目的影响
D. 财务收益标准	1. 技术创新费用
	2. 生产费用
	3. 市场营销费用

	4. 在一定时期内可以得到的资金
D. 财务收益标准	5. 对其他需要资金项目的影响
	6. 实现盈亏平衡的时间和最大负现金流
	7. 预计年收益及投资回收期
	8. 期望的利润额
	9. 是否符合企业的投资标准
	1. 是否涉及新的加工工艺过程
	2. 现有生产人员、数量及技术水平如何
	3. 是否与现有生产能力相适应
E. 生产运行标准	4. 可获得的原材料成本
	5. 生产成本
	6. 增加新设备的需要
	7. 生产安全性
	8. 生产过程中的增值
	1. 产品在生产加工及使用过程中可能对环境产生的危害
F. 环保、生态及社会责任标准	2. 公众意见的敏感性
	3. 现在和未来的法律
	4. 对就业的影响

（二）层次分析法

层次分析法（Analytical Hierarchy Process，AHP）由美国匹兹堡大学教授 T. L. Saaty 提出，是一种将定性分析法与定量分析法相结合的系统分析方法。目前 AHP 在包括技术评价等多个领域内都得到了广泛的应用。

层次分析一般需要经过四个基本程序：建立层次结构模型；构造判断矩阵；层次单排序及其一致性检验；层次总排序及其一致性检验。下面用一个案例来说明层次分析法的运用过程。

【案例 2-7】

某企业采用层次分析法进行技术评价

某企业目前有三种技术方案，分别为 C_1、C_2、C_3，企业管理者使用层次分析法评价这三种技术方案。主要步骤如下：

1. 建立层次结构模型

对方案及目标进行综合分析，确定相关因素，再根据因素的从属关系与重要性级别对各因素进行分组，把每一组作为一个层次，分为目标层、准则层及方案层，如图 2-7 所示。

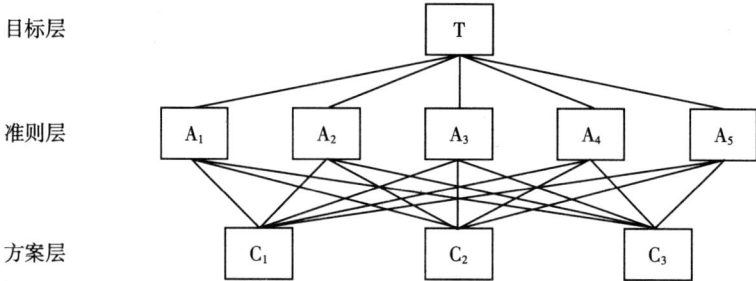

图 2-7　提高产品性能的层次结构模型

图 2-7 中 T 为目标层，代表产品性能；A_1、A_2、A_3、A_4、A_5 为准则层，分别代表技术能力、经济效益、社会效益、风险程度、产业规模；C_1、C_2、C_3 为方案层，分别代表技术方案 C_1、技术方案 C_2、技术方案 C_3。

2. 构造判断矩阵

判断矩阵是本层所有因素针对上一层某一个因素的相对重要性的比较。在确定各层次各因素之间的权重时，不是把所有因素放在一起比较，而是同一层次的两两相互比较。并采用相对尺度，以尽可能减少性质不同的诸因素相互比较的困难。两两因素比较时所取的标度如表 2-7 所示。

表 2-7　因素比较标度

标度	含义
1	表示两个因素相比，具有相同重要性
3	表示两个因素相比，前者比后者稍重要
5	表示两个因素相比，前者比后者明显重要
7	表示两个因素相比，前者比后者强烈重要
9	表示两个因素相比，前者比后者极端重要
2，4，6，8	表示上述相邻判断的中间值

在本案例中，将目标层 T 下的各因素 A_1、A_2、A_3、A_4、A_5 进行两两比较，设其标度权重分别为 w_1、w_2、w_3、w_4、w_5，得到矩阵 A。

$$A = \begin{bmatrix} w_1/w_1 & w_1/w_2 & w_1/w_3 & w_1/w_4 & w_1/w_5 \\ w_2/w_1 & w_2/w_2 & w_2/w_3 & w_2/w_4 & w_2/w_5 \\ w_3/w_1 & w_3/w_2 & w_3/w_3 & w_3/w_4 & w_3/w_5 \\ w_4/w_1 & w_4/w_2 & w_4/w_3 & w_4/w_4 & w_4/w_5 \\ w_5/w_1 & w_5/w_2 & w_5/w_3 & w_5/w_4 & w_5/w_5 \end{bmatrix}$$

其中，A 为判断矩阵。

在本案例中设 A 为 A_1、A_2、A_3、A_4、A_5 相对于 T 的判断矩阵。

$$A = \begin{bmatrix} 1 & 1/2 & 4 & 3 & 3 \\ 2 & 1 & 7 & 5 & 5 \\ 1/4 & 1/7 & 1 & 1/2 & 1/3 \\ 1/3 & 1/5 & 2 & 1 & 1 \\ 1/3 & 1/5 & 3 & 1 & 1 \end{bmatrix}$$

设 B_1、B_2、B_3、B_4、B_5 为 C_1、C_2、C_3 分别相对于 A_1、A_2、A_3、A_4、A_5 的判断矩阵。

$$B_1 = \begin{bmatrix} 1 & 2 & 5 \\ 1/2 & 1 & 2 \\ 1/5 & 1/2 & 1 \end{bmatrix} \quad B_2 = \begin{bmatrix} 1 & 1/3 & 1/8 \\ 3 & 1 & 1/3 \\ 8 & 3 & 1 \end{bmatrix} \quad B_3 = \begin{bmatrix} 1 & 1 & 3 \\ 1 & 1 & 3 \\ 1/3 & 1/3 & 1 \end{bmatrix}$$

$$B_4 = \begin{bmatrix} 1 & 3 & 4 \\ 1/3 & 1 & 1 \\ 1/4 & 1 & 1 \end{bmatrix} \quad B_5 = \begin{bmatrix} 1 & 1 & 1/4 \\ 1 & 1 & 1/4 \\ 4 & 4 & 1 \end{bmatrix}$$

3. 层次单排序及其一致性检验

设对于判断矩阵有特征向量，其中，将判断矩阵乘以特征向量，得到：

$$A \cdot W = \begin{bmatrix} w_1/w_1 & w_1/w_2 & w_1/w_3 & w_1/w_4 & w_1/w_5 \\ w_2/w_1 & w_2/w_2 & w_2/w_3 & w_2/w_4 & w_2/w_5 \\ w_3/w_1 & w_3/w_2 & w_3/w_3 & w_3/w_4 & w_3/w_5 \\ w_4/w_1 & w_4/w_2 & w_4/w_3 & w_4/w_4 & w_4/w_5 \\ w_5/w_1 & w_5/w_2 & w_5/w_3 & w_5/w_4 & w_5/w_5 \end{bmatrix} \cdot \begin{bmatrix} w_1 \\ w_2 \\ w_3 \\ w_4 \\ w_5 \end{bmatrix} = nW$$

$$A \cdot W = nW$$

其中，n 为特征值。

判断矩阵具有唯一非零的最大特征值 λ_{max}，为了检验层次分析法得到的结果是否基本合理，我们还需要对判断矩阵进行一致性检验。如果判断矩阵 A 具有完全一致性，那么 $\lambda_{max} = n$。设一致性指标为 CI：

$$CI = \frac{\lambda_{max} - n}{n - 1}$$

CI 越大，表示判断矩阵的一致性越差；CI 越小，表示判断矩阵的一致性越好；当 CI = 0 时，判断矩阵具有完全一致性。一般认为，当 CI < 0.1 时，判断矩阵的一致性可以被接受。

判断矩阵的维数越大，一致性越差，于是放宽对高维矩阵一致性检验的要求，引入平均随机一致性指标 RI，如表 2-8 所示。

表 2-8　平均随机一致性指标

维数	1	2	3	4	5	6	7	8	9	10
RI	0.00	0.00	0.58	0.90	1.12	1.24	1.32	1.41	1.45	1.49

对于二维以上的判断矩阵，采用 CR 来衡量其一致性。

$$CR = \frac{CI}{RI}$$

通常，当 CR = 0 时，我们认为判断矩阵具有令人满意的一致性；当 CR < 0.10 时，判断矩阵的一致性可以被接受；当 CR ≥ 0.10 时，则需要调整判断矩阵。

通过计算可得到，判断矩阵 A 的最大特征值 λ_{max} 为 5.072，其对应的标准化特征向量 $W = \{0.264 \quad 0.477 \quad 0.053 \quad 0.099 \quad 0.107\}^T$。

判断矩阵的一致性检验指标的计算结果如下：

$$CI = \frac{5.072 - 5}{5 - 1} = 0.018$$

$$CR = \frac{CI}{RI} = \frac{0.018}{1.12} = 0.016 < 0.10$$

判断矩阵通过一致性检验。

同理，计算 B_1、B_2、B_3、B_4、B_5 判断矩阵的标准化向量和一致性检验，如表2-9所示。

表2-9　判断矩阵的权重向量及一致性检验

K	B_1	B_2	B_3	B_4	B_5
W_{k_1}	0.595	0.082	0.429	0.634	0.167
W_{k_2}	0.276	0.236	0.429	0.192	0.167
W_{k_3}	0.128	0.682	0.143	0.174	0.667
λ_k	3.006	3.002	3	3.009	3
CI_k	0.003	0.001	0	0.005	0
CR_k	0.005	0.002	0	0.009	0

B_1、B_2、B_3、B_4、B_5 判断矩阵的 CR 都小于 0.10，通过一致性检验。

4. 层次总排序及其一致性检验

层次总排序是指利用同一层次中所有层次单排序的结果，计算同一层次所有因素对上一层次的相对重要性权重。若上一层的层次总排序已经完成，元素 A_1，A_2，$\cdots$，A_m 得到的权重值分别为 a_1，a_2，$\cdots$，a_m；与 A_j 对应的本层次元素 B_1，B_2，$\cdots$，B_n 的层次单排序结果为 b_{1j}，b_{2j}，$\cdots$，b_{nj}（$j = 1, 2, \cdots, m$），则得到 B_i 的权重。

$$B_i = \sum_{j=1}^{m} a_j b_{ij} \quad (i = 1, 2, 3, \cdots, n)$$

据以上步骤计算方案 C_1、C_2、C_3 相对于总目标 T 的权重向量为 $\{0.303, 0.245, 0.451\}^T$，即 C_1 对总目标的权重为 0.303；C_2 对总目标的权重为 0.245；C_3 对总目标的权重为 0.451。

评价层次总排序结果的一致性也需要进行一致性检验。

$$CR = \frac{a_1CI_1 + a_2CI_2 + \cdots + a_mCI_m}{a_1RI_1 + a_2RI_2 + \cdots + a_mRI_m}$$

通过计算得到总排序的一致性检验 CR = 0.003 < 0.10，即通过一致性检验。

根据权重向量进行排序决策，即 $C_3 > C_1 > C_2$，因此该高新技术企业应选择技术方案 C_3。

层次分析法的计算比较复杂，而目前大部分企业普遍选择专业的软件来解决层次分析法计算的问题。

资料来源：http://gib.nclg.com.cn/shuxuejianmo/3_1.ppt.

三、技术选择

在对各个技术方案进行评价以后，就需要根据评价结果对技术方案进行选择。正确的技术选择能够促进企业的技术革新，推动企业的发展。

企业进行技术项目选择的主要限制来源于关键资源的可利用性和资源的质量。通常，企业内部技术项目很多，但由于内部资源有限，不得不通过进行优先排序来选择技术项目。

比较常用的技术项目选择方法是组合矩阵法，如图 2-8 所示。企业对每一个技术项目进行优势、劣势、机会与威胁分析（SWOT 分析）之后，根据技术项目潜在收益以及所需的资源质量，把技术项目列到几个方框之中，然后排列优先次序，如表 2-10 所示。表 2-10 左列是技术项目的一些潜在收益，表 2-10 右列是技术项目所需资源。

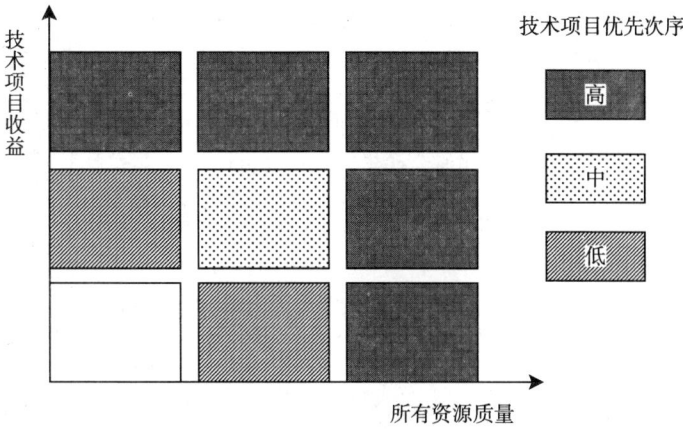

图 2-8　技术项目选择的组合矩阵

表 2-10　技术项目选择的潜在收益和所需资源

技术项目的潜在收益	技术项目的所需资源
开发新技术	管理技能
技术转让	资金
获得经济效益	专利
进入新市场	人力
声誉	精密实验设备
提高客户满意度	

【案例 2-8】

某企业的技术项目选择

某企业是一家专门研发手机应用软件的企业。目前该企业有两个技术项目，分别是 A 和 B。技术项目 A 主要是开发一种具有全新功能的手机应用软件，而且该软件具有市面上其他手机软件不具备的功能，但开展该技术项目的成本较高；技术项目 B 则是在原有的一款手机软件基础上开发新的功能，然而目前其大多数竞争者已经掌握了此项技术。该企业面临的问题是如何对这两个技术项目进行选择。

首先，该企业对 A 和 B 这两个项目进行 SWOT 分析，并将结果进行比较，如表 2-11 所示。

表 2-11　A 项目与 B 项目的 SWOT 分析

SWOT 分析	优势	劣势	机会	威胁
A 项目	1. 技术水平先进，功能领先于其他竞争者 2. 具有差异化优势 3. 市场竞争力强	1. 目前该技术研发能力较弱，并且具有不稳定性 2. 研发成本高	1. 凭借差异化优势快速占领市场 2. 能够开拓高利润市场	1. 该技术可能不被消费者所接受 2. 效仿者带来的竞争压力 3. 较大的市场风险
B 项目	1. 目前该技术较为成熟，研发能力较强 2. 研发成本低 3. 有一定的客户基础	1. 市场上不少竞争者已掌握了此技术 2. 定价偏低	1. 能够利用原有的技术基础，从而节省资源 2. 市场风险较低	1. 市场竞争激烈 2. 价格竞争 3. 利润水平较低

根据技术项目 A 和技术项目 B 的 SWOT 分析，预计这两个技术项目的潜在收益和所需资源质量，并且使用组合矩阵的方法对这两个项目进行优先次序的排列，如图 2-9 所示。

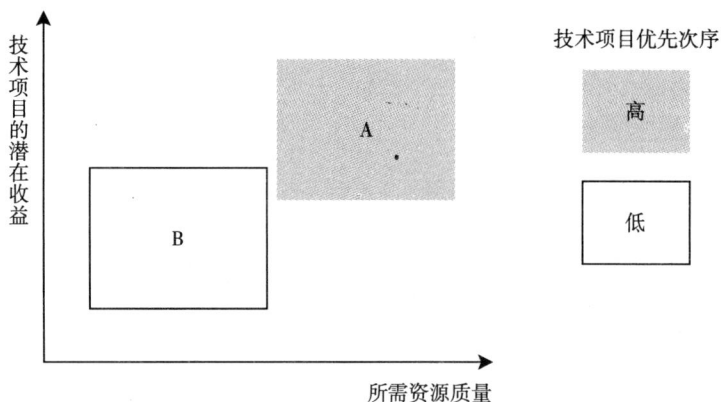

图 2-9　技术项目 A 与技术项目 B 的组合矩阵

由图 2-9 可知，该企业应该优先选择技术项目 A。

本章小结

技术的正确选择关系到产品后续的生产和商业化效果，在一定程度上决定了经济效益的战略环节。因此，本章就技术预测、技术评价、技术选择问题进行了分析。

　　技术预测是指以一定的方法预计和推测某项技术的性能、结构、发展趋势、应用范围及应用前景。技术预测的内容概括为：定量、定性、定时和概率估计。目前常用的技术预测方法为生长曲线法、相关树法、导前—滞后相关分析法及德尔菲法。

　　技术评价主要涉及经济、技术、社会三方面因素，因此企业应从这三方面进行技术评价分析。本章同时还介绍了两种技术评价方法：核查表法和层次分析法。技术选择关系着企业的长远发展，目前技术选择最常用的方法为组合矩阵法。

　　技术预测、评价与选择最终的目的是选择合适的技术方案，使其能在市场上进行实际运作，并且推动技术的商业化，为企业盈利。技术预测、评价和选择这三者层层递进，密不可分。

第三章 技术投资管理

GE 投资海上风力发电技术

通用电气（GE）是著名的多元化经营的跨国公司，致力于向全球客户提供先进的各项技术与服务。随着绿色技术观念深入人心，GE 也开始重视绿色技术的投资与研发。

2005 年以来，GE 已对绿色环保技术投资达 50 亿美元。从 2010 年开始，GE 计划加大对绿色环保技术的投资，预计在未来 5 年里，技术投资额将会高达 100 亿美元。GE 技术投资的目标为通过开发和生产先进的风力涡轮机，以促进海上风力发电这一绿色能源的不断发展，从而实现低碳环保。

目前，美国海上风力发电的市场并不大，GE 的副总裁 Steve Fludder 认为，海上风力发电技术的广泛应用需要一定的时间，GE 不会因海上风力发电的市场不大，就放弃对这一技术的投资。GE 于 2010 年向在位于印第安纳州 Knox 郡的 Edwardsport Station 电站提供涡轮发电机。该电站将使用煤气化联合循环发电技术来降低排放。

资料来源：http://finance.sina.com.cn/stock/usstock/c/20100318/00127584090.shtml.

【案例启示】从 GE 对技术投资的巨大比例中，我们不难发现 GE 对技术投资的重视，拥有一定的前沿技术是企业保持竞争力的巨大推动力。技术投资管理就是抓住机会，把先进的技术用于生产，从而为企业带来利益。技术投资是一项重大的决策,因而企业在决策是否投资该项技术时需要考虑诸多因素。

本章您将了解到:

● 技术投资的内涵、影响因素及生命周期

● 技术投资的方式及各自的优缺点与适用的项目

● 技术投资的资金来源

第一节 技术投资概述

应该对技术投资多少?这是我们都必须回答的问题。

——佚名

一、技术投资的内涵

企业要发展新技术,首先要考虑的问题是应该拿出多少资金来对技术项目进行投资,以何种方式进行投资,进行技术投资时应该考虑哪些影响因素。技术投资是企业的一项重大决策,如果没有有效的技术投资,企业的技术研发就成了无本之木,难以得到发展。

一般来说,技术投资是指企业将资金、人员、物资等资源投入到技术项目中,并对各种资源进行有效的管理和配置,以提高企业的技术水平和经济效益,从而使企业获得竞争优势。

技术投资的特征有:技术投资具有一定风险;技术投资周期较长;进行投资回报率计算时,需考虑多种不确定因素。

二、技术投资决策的影响因素

投资多少资源到技术项目中是企业进行技术投资的一个重要问题。通常很多技术人员及管理者认为，技术投资越多越好，但是在实际中，技术投资还需要考虑到投资回报率的问题。

一般而言，技术投资决策需要考虑市场因素、行业因素以及技术战略因素。

（一）市场因素

企业的资源是有限的，企业不可能将其所有资源都投入到技术项目中，因为这样会让企业得不偿失。企业在进行技术投资决策时，应该根据自身的市场条件及市场地位，合理地配置资源，并有针对性地采取有效的技术投资决策，从而获得最佳的投资回报率。如那些具有市场领先优势的企业，应该加大技术投资的力度，从而进一步扩大市场，获得更高的市场份额；而那些市场地位较低或刚起步的企业，应该根据实际情况，减少技术上的投入，或先专注市场上的投入，等到企业获得一定市场份额后，再加大技术上的投入。

（二）行业因素

技术投资决策与行业因素息息相关。在不同的行业中，企业技术投资的力度以及投资资金的数量是不一样的。研究证明，技术密集型行业的投资决策与非技术密集型行业的投资决策有较大的区别，如表 3-1 所示。

表 3-1　技术密集型行业与非技术密集型行业的区别

行业类型	代表性行业	技术人员投入（即技术人员占全体员工的比例）	技术资金投入（即技术投资金额占销售额的比例）
技术密集型行业	能源、信息技术、电子、计算机、航空、航天、医学等行业	技术密集型行业的技术人员比例高达 10% 以上	技术密集型行业的技术资金投入比例高达 5%~20%
非技术密集型行业	纺织、服装、餐饮、家具、玩具等行业	非技术密集型行业的技术人员比例低于 2%	非技术密集型行业的技术资金投入仅为 1%~3%

（三）技术战略因素

企业的技术投资决策应与企业的技术战略相一致。企业要根据自身的技术战略，采取相应的技术投资决策。若企业采取的是技术领先的战略，那么就应该不断加大技术投资的力度，从而促进企业的技术创新；若企业采取的是技术跟随的战略，那么就应该相应地减小技术投资的力度，但同时企业还要注重先进技术的引进。

三、技术项目的选择

技术投资决策受到市场因素、行业因素、技术战略因素的影响，在综合考虑了各影响因素，并确定了技术投资比例后，企业就需要对所投资的技术项目做出选择。技术项目的选择主要考虑以下几个方面：

（1）技术项目应该与企业的长期目标及总体战略相一致，并且能够为企业带来一定的战略价值。

（2）分析项目是否具有技术上成功的可能性，并综合考虑企业当前的技术水平及研发能力。

（3）从市场的角度出发，研究某技术项目是否符合市场需求、市场上其他竞争对手是否已经投资了该项目、市场上某技术产品的价格趋势及市场容量等。

（4）综合分析技术项目的投资回报率、投资回收期、期望收益率等，选择能够为企业带来经济效益的技术项目。

（5）企业所投资的技术项目要能为社会带来一定的效益，例如，企业对某一绿色能源技术项目进行投资，从而达到节能减排、低碳环保的目的。

【案例 3-1】

首尔半导体与 Vertex 的 LED 技术投资合作

首尔半导体是专业的 LED 制造商，于 2010 年与 Vertex 投资管理私人有限公司合作，创立一项专项资金，对在 LED 领域内具有核心技术的企业进行投资。

在此次合作中，首尔半导体公司主要负责发掘在 LED 领域及相关领域内具有巨大技术潜力的企业，而 Vertex 则进行投资资金的管理工作。两家公司的合作，使整个技术投资管理过程更加高效。

资料来源：电子与电脑，2010（12）.

四、技术投资的生命周期

本书的第一章第一节提到了技术的发展遵循着一定的生命周期规律。技术的生命周期包括了四个阶段，即萌芽期、成长期、成熟期、衰退期。而企业的技术投资在技术生命周期的各个阶段所发挥的作用也有所不同。技术投资同样遵循着一定的生命周期规律，技术投资在生命周期各阶段的具体情况如表 3-2 所示。

表 3-2 技术投资的生命周期特征

生命周期阶段	技术水平	技术投资的作用	技术投资的方式
萌芽期	采用新技术，技术水平不稳定	开拓新市场、新业务，帮助企业获得一定的技术能力	技术投资应集中在产品设计、流程设计等方面
成长期	技术水平突飞猛进	通过使企业获得核心技术能力，帮助企业提高竞争力和市场地位	加大技术投资力度，并注重技术人才的培养
成熟期	技术水平趋于成熟，难有突破	巩固市场优势和市场地位，并获得一定利润	相应地降低技术投资的力度
衰退期	技术逐渐衰退或技术已退出市场	技术投资在该阶段已无作用	停止现有的技术投资，投资更先进的技术

（一）萌芽期

在萌芽期，企业采用的是新技术，因此技术水平不稳定，技术能力较低。技术投资在这一阶段的主要任务是开拓新市场，为企业获得一定的技术能力。由于在该阶段技术投资的风险相对较大，因此企业不宜过度投资，且技术投资应集中在产品设计、流程设计等方面。

（二）成长期

在成长期，企业的技术水平突飞猛进，技术投资在这一阶段能够帮助企业获得核心技术能力，从而提高企业的市场份额，使企业获得竞争优势。该阶段的技术投资具有较高的回报率，因此企业应该加大技术投资力度，并注重技术人才的培养。

（三）成熟期

在成熟期，企业的技术水平趋于成熟，却很难有更大的突破。技术投资在这一阶段能够帮助企业巩固市场份额，维持竞争优势，获得经济收益。由于这一阶段企业的技术已经很成熟了，所以技术投资的力度应有所减小，但也不能放弃技术投资。

（四）衰退期

在衰退期，企业的技术已经逐渐衰退或不再被市场需要，企业应该相应地停止现有的技术投资，在新的技术领域寻求发展，投资新的技术。

第二节 技术投资的方式

投资不是简单地以钱赚钱，而是一门充满乐趣的艺术，是对一个人的灵魂和智慧的考验。

——沃伦·巴菲特

一、技术投资的两种主要方式

企业进行技术投资的主要方式有两种，即自主开发和技术外包。

（一）自主开发

自主开发是企业运用自身丰富的技术资源与技术知识，自主进行技术研究与开发的一种方式。企业采用自主开发方式进行技术投资，需要投入大量的成本，且开发的效率不高，开发成功的概率也不确定，这大大增加了技术投资的风险。但是，自主开发能帮助企业获得核心技术能力，提高企业的技术水平，使企业获得竞争优势。当某一技术项目与企业当前的发展战略相一致，并决定了企业的长远发展方向时，企业应该对该技术项目采用自主开发的方式进行技术投资；或者当企业对某一技术具有巨大的技术优势时，企业同样可以采用自主开发的方式对该技术项目进行技术投资。

（二）技术外包

技术外包是指企业将技术开发的部分业务外包给专业的技术机构，从而专注于自身的核心业务。企业采用技术外包的方式进行技术投资，能够快速地获得技术，且付出的成本要比自主开发低很多，但是技术外包难以为企业获得核心技术能力，难以形成竞争优势。对于企业目前没有足够的能力进行自主开发的那些技术项目，或企业不擅长的那些技术项目，企业可采用技术外包的方法进行技术投资。

自主开发与技术外包各自的优缺点及所适用的技术项目的对比如表 3-3 所示。

表 3-3　自主开发与技术外包的对比

	自主开发	技术外包
优点	有利于获得核心技术能力，并增强企业的竞争力	快速地获得新技术，提高企业的技术水平，且成本低，投资效果显著
缺点	技术开发成功概率及成功的时间不确定，投资风险较大，且成本高	难以为企业获得核心技术能力以及竞争优势
适用的技术项目	适用于决定企业战略发展的技术项目或具有技术优势的技术项目	适用于企业目前没有足够能力自主开发的技术项目

无论采用何种方式进行技术投资，企业在选择投资方式时，都应该遵循一定的原则，慎重考虑多方面因素，这样才能使企业的技术投资事半功倍。

【拓展阅读】

技术投资方式选择原则

（1）保证技术项目的完成时间。

（2）尽量降低技术项目的成本。

（3）明确知识产权。

（4）保护企业的商业机密。

二、自主开发

以自主开发的方式进行技术投资，首要考虑的因素是如何提高开发效率，降低成本，降低风险。自主开发的开发效率是技术投资的关键，只有提高了开发的效率，才能使技术开发快速取得成功，使技术投资快速获得回报，从而降低投资的费用，减低投资的风险，为企业创造更大的收益。

对于开发效率的提高，主要从两个方向进行研究，即标杆法和质量原则。①

（一）标杆法

标杆法主要是指企业将行业内具有领先优势的竞争对手设为标杆，并与之进行对比，从而找到自身的不足之处并加以改善的一种方法。将标杆法应用于自主开发中，能够帮助企业把握技术开发的方向，并对当前技术项目的开发效率进行准确的评估，从而促使企业不断改善技术，提高效率。

（二）质量原则

将质量原则应用到自主开发中，能够有效地提高技术开发的效率，提高企业的投资回报率。企业通过应用质量原则，能够明确技术投资的选择以及自主开发

---

① V. K. Narayanan. 技术战略与创新 [M]. 北京：电子工业出版社，2005.

的战略价值，并对各部门的资源进行整合，从而实现对项目的有效控制，并提高开发效率。

三、技术外包

目前技术外包是大多数企业采用的技术投资方式。以技术外包的方式进行技术投资时，企业应首先考虑以何种渠道获得技术资源。一般来说，技术外包的技术资源来源主要有三种，即相关企业、政府投资的科研机构、高等院校。

（一）相关企业

相关企业是指在相关的技术领域内具有一定技术领先优势的企业。通过相关企业获得技术资源是目前技术外包的主要趋势之一。与相关企业合作的方式主要有联合开发以及建立技术战略联盟两种。与相关企业进行技术外包合作，有利于充分利用相关企业强大的技术能力，从而快速获得对方丰富的技术资源，使技术投资获得更多的收益。

（二）政府投资的科研机构

很多时候，为发展某一项技术，资金、设备、平台等的投入是十分巨大的，一般的企业难以具备这样的条件，因此就需要政府部门的投资。政府投资的科研机构能够为企业提供大量的技术资源，并有效地促进企业技术投资的正常运行。

（三）高等院校

高等院校是培养知识的殿堂，其具备了大量的科研人才以及良好的学术研究氛围，有利于新技术、新知识的开发与深入，能够为企业提供大量的技术资源。企业与高等院校的合作方式有多种，其中包括以项目、咨询、共同研究、授权等形式进行技术外包合作。

【案例3-2】

技术外包帮助纺织企业发展壮大

A公司是一家传统的纺织企业。如今随着新型纺织品印染技术的不断发展，A公司意识到自身在技术方面的缺陷，于是决定采用技术外包模式，引进B公司的分色及数码印花技术。实践表明，A公司通过技术外包，大大降低了生产成本，并使其产品产量及质量得到提升，销量也比之前翻了一倍。

与专业技术服务机构合作进行技术外包，能够帮助企业在较短时间内克服发展的瓶颈，是当今不少纺织企业转型升级的做法。目前，为传统纺织印染企业提供技术服务的机构将会随着市场的需求越来越多，可见，纺织企业采用技术外包模式进行转型升级已经成为一种必然趋势。

资料来源：http://www.tteb.com/newscenter/shownewsinfo.phpm.

第三节　技术投资的资金来源

金钱是个好兵士，有了它就可以使人勇气百倍。

——莎士比亚

没有资金，企业就无法进行技术投资，充足的资金是企业的技术投资获得成功的保证。对于大部分规模大、效益好的企业来说，它们几乎都具备了充足的自有资金来支持企业的技术投资；而对于大多数中小企业来说，由于企业内部流动资金相对缺乏，利用自有资金进行投资具有一定的局限性，所以企业要想进行技术投资，就必须从其他外部渠道筹集资金。

目前，大部分企业技术投资的资金来源主要有三种：银行贷款、风险投资、政府资助。

一、银行贷款

银行贷款是指企业根据国家相关政策向银行提出申请，以一定的利率从银行贷出一笔资金，并且于约定期限归还资金及支付利息的一种经济行为。银行贷款是目前大多数企业筹集资金的主要形式之一。

对于规模大、业绩良好的传统企业而言，由于信用程度高，最容易获得银行贷款；而对于那些处于技术领域的企业，特别是中小企业或刚起步的企业，则难以获得银行贷款，这在一定程度上增加了企业技术投资的难度。

中小规模的科技型企业或刚起步的企业难以获得银行贷款的原因主要有：

（1）信息不对称：银行对这些企业的技术情况及市场需求不了解，单方面地认为这些企业的信用度不高。

（2）只关注企业业绩：银行并不关注企业的技术是否具有发展潜力，它最关注的是企业的经营业绩，关注企业是否具有还款的能力。

（3）缺乏业务往来：大部分中小企业或新企业与银行缺乏业务往来，从而增加了贷款的难度。

二、风险投资

由于中小企业获得银行贷款难，大部分中小企业纷纷寻求风险投资筹集资金。目前，风险投资尚无统一的定义。我国科技部及国家计委等七部门联合制定的《关于建立风险投资机制的若干意见》对风险投资进行了定义：风险投资是指向科技型的高成长性的创业企业提供股权资本，并为其提供经营管理和咨询服务，以期在被投资企业发展成熟后，通过股权转让，获取长期资本增值收益的投资行为。

科技型中小企业要获得风险投资，首先要向风险投资机构递交商业计划书，若风险投资机构对商业计划感兴趣，认为该企业具有技术发展潜力，就会与该企业进行进一步的协商，待双方达成协议后，科技型中小企业就将其部分股权转让给风险投资机构，并获得发展资金。科技型中小企业将这笔发展资金投入到自身的技术投资中，从而不断发展核心技术，提高市场收益，提高竞争力，为企业创造更多的价值。

表3-4　风险投资的具体内容

风险投资的对象	从事高风险、高收益的技术创新事业的科技型非上市中小企业
风险投资的项目	高新技术项目以及技术专业化程度高的科技项目
风险投资的方式	以入股的方式为企业提供股权资本
风险投资的期限	10年以上
风险投资的收益	对科技型中小企业持续注入资金，直到所投资的企业发展壮大，股权增值，就将股权进行转让，从而获得收益

创业者和风险投资者的相互信任与通力合作是风险投资获得成功的保证。风险投资实际上就是创业者利用风险投资者充裕的资金和资源去发展创新事业，从而创造价值的过程。为了保证这一过程的顺利进行，创业者和风险投资者必须做到彼此信任和充分合作，这样才能使双方都获得收益，实现双赢。

【案例3-3】

投资掌上灵通——宏碁风投押对宝

掌上灵通咨询有限公司是一个为中国内地移动电话用户提供无线增值媒体、娱乐与通信收费服务的供应商。成立之初，掌上灵通得到的第一笔风险投资来自宏碁公司。当时宏碁对掌上灵通注资了150万美元。

宏碁投资掌上灵通后，对掌上灵通的业务、管理团队、技术团队进行了深入了解，并继续为掌上灵通寻找新的投资人，开拓新的市场和进行业务转型。事实证明，宏碁选择掌上灵通进行风险投资是一个正确的选择。2003年，掌上灵通相继与中国移动、索尼唱片、星空传媒、时代华纳等大型企业合作，为它们提供内容服务。2004年，掌上灵通在美国上市，公司市值超过5亿美元。据估计，宏碁对掌上灵通的投资获利高达数十倍。

资料来源：http://blog.sina.com.cn/s/blog_4a6886c90100058g.html。

三、政府资助

大部分中小企业、民营企业及科技型企业，由于资金不充足，短期内难以实现盈利，从而使技术投资具有很大的风险，因此，政府资助显得十分必要。

政府资助主要是指政府对具有技术发展潜力的企业进行直接投资和补贴，或提供税收政策优惠或专利政策优惠，以支持企业的技术投资活动，从而促进企业不断进行技术创新，提高企业的技术水平。

【案例3-4】

加拿大政府投资清洁重油提炼生产技术

从2005年开始，加拿大政府加大了对企业技术资助投入的力度，并以直接投资的形式向卡尔加里Petrobank能源与资源公司投资了900万加元，以资助其开发绿色重油生产技术。卡尔加里Petrobank能源与资源公司利用这笔技术资金致力于重油生产专利技术THAI（tm）的开发。

重油生产专利技术THAI（tm）是一种新型的清洁重油生产技术。目前，现有的重油生产技术需要消耗大量的天然气、淡水或碳氢化合物有机溶剂，且重油提取率不高。而THAI（tm）专利技术采用垂直空气注入井与水平生产井相结合的先进燃烧工艺，具有低天然气、淡水或碳氢化合物有机溶剂使用量，低生产成本，高重油提取率的优点，因此具有巨大的发展潜力。加拿大政府的资助将会大大促进THAI（tm）专利技术的发展，并提高了这一清洁重油生产技术的工业化程度。

资料来源：http：//www.most.gov.cn/gnwkjdt/200511/t20051107_25953.html.

本章小结

技术投资是一门艺术，也是一门学问。一般来说，技术投资是指企业将资金、人员、物资等资源投入到技术项目中，并对各种资源进行有效的管理和配置，以提高企业的技术水平和经济效益，从而使企业获得竞争优势。考虑这项技术投资与否的因素主要包括市场因素、行业因素以及技术战略因素。

对于企业来说，技术投资的方式也是多种多样的，其中较为常见的技术投资方式有自主开发和技术外包两类。企业在选择投资方式时要结合企业的实际情况和这两种方式的优势合理地进行，这样才能获得技术效益的提高。

没有资金，企业就无法进行技术投资，充足的资金是企业的技术投资获得成功的保证。纵观国内外企业技术投资的资金来源，技术投资的资金来源主要有三种，即银行贷款、风险投资、政府资助。充足的资金是企业的技术投资获得成功的保证。

第四章　技术研发管理

技术研发使 iPad 获得成功

2010 年，美国苹果公司推出了一款平板电脑 iPad。iPad 一面世就超出了预期的热卖。2011 年，苹果公司发布全新的 iPad 2 平板电脑，这一升级版的平板电脑继续受到全球消费者的热捧。iPad 为何有如此大的魅力呢？

苹果公司将 iPad 定位于智能手机与笔记本电脑之间，人们能够像使用实体笔记本一样使用这款平板电脑，且 iPad 比一般笔记本电脑轻便，方便携带出行。无论身在何处，用户都能使用 iPad 来浏览网页、阅读电子文件、收发电子邮件等。

实际上，早在 2000 年 10 月的 Comdex 展览上，平板电脑的概念就被当时美国微软公司的总裁比尔·盖茨提出。后来惠普公司实现了这种创新想法，但由于价格高昂、电池不耐用等原因，早期的平板电脑并没有获得商业化的成功。

经过技术研发，苹果公司出品的 iPad 相比过去的平板电脑具有更强大的功能设备，屏幕更清晰，CPU 更快，且电池可以用 10 小时之久，因此受到了广大消费者的欢迎。苹果的技术研发管理促使其技术产品具有强大的差异化优势，从而获得了成功。

资料来源：柯博文.iPad 开发技术与案例分析［J］.程序员，2010（5）.

【案例启示】苹果公司结合当时先进的 Table PC 技术，并在此基础上对这一技术进行进一步的研发，使这项技术更加成熟，更加具有商业性，因此获得了巨大的成功。由此案例可知，技术研发管理和产品创新是企业发展的核心能力，只有拥有了这种核心能力，企业才能在当今激烈的市场竞争中取得竞争优势和战略优势，成为行业中的"领头羊"。

本章您将了解到：

● 技术研发的特征及类型

● 技术研发与商业化程序的四个阶段

● 技术研发模式与选择

第一节　技术研发管理概述

研发能力是企业的核心能力，这种能力不容易在短时间内被模仿、转化、改变；并且也只有这种能力能为企业提供一个战略优势。因此，企业必须做好其技术研发管理。

——哈默尔

一、研究与开发的内涵

（一）研究与开发的概念

研究与开发是指在认知的基础上，为了扩大人文、地理、科学、社会等知识的总量，在探索新的应用过程中做出的系列性、创造性的工作。一般而言，研究与开发可以分为以下三个层次：一是基础研究，是指为了获取关于现象和可观察事物的基本原理而进行的实验性和理论性工作；二是应用研究，与基础研究不同，应用研究强调为特定的实际应用而获得的新知识进行的创造性研究；三是技术开发，旨在利用基础研究、应用研究的成果或者经验，为生产新材料、新产品、新装置，建立新环境、新系统和新服务而进行的系统性工作。

（二）研究与开发的特征

研究与开发是通过创造与运用新知识来生产新产品的一种特殊生产活动。它具有以下七个特征，如图 4-1 所示。

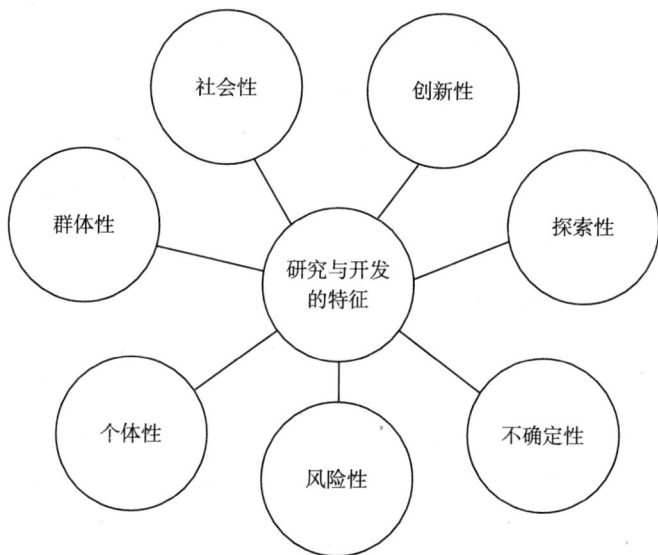

图 4-1　研究与开发的特征

1. **创新性**

研究与开发的根本目的在于发展新技术，从而创造新方法、新知识。

2. **探索性**

研究与开发的本质是对未知的事物进行探索，并寻找出其中的奥秘。

3. **不确定性**

研究与开发的成功概率、成功时间以及结果都是不确定的。

4. **风险性**

研究与开发的结果与预期成果相比可能会存在偏差，具有失败的风险。

5. 个体性

研究与开发属于智力劳动，首先需要有来自个体的聪明才智，才会创造出有价值的设想和作品，因此研究与开发具有个体性。

6. 群体性

现代的研究与开发绝大部分不是独立的，它基本上是以团队的形式进行，需要团队中每个人发挥各自擅长的知识，需要团队的协同工作，因此研究与开发具有群体性。

7. 社会性

研究与开发能够促进社会的进步，同时研究与开发也对相关领域的技术具有依赖性，因此研究与开发具有社会性。

【案例 4-1】

腾讯 SOSO 脱离谷歌，自主研究和开发搜索引擎技术

腾讯旗下的搜索引擎——腾讯 SOSO 于 2006 年开始运行，当时腾讯 SOSO 与国际上著名的搜索引擎谷歌合作，使用谷歌的搜索技术。因此，在腾讯 SOSO 搜索结果页面的固定位置会显示"谷歌技术支持"的字样。

2009 年，腾讯 SOSO 结束和谷歌的合作，自主研究和开发搜索引擎技术，并进行商业化推广。腾讯 SOSO 坚信，自主研发搜索引擎技术能够使企业获得其核心技术能力，从而不受其他企业牵制，最终得以长足发展。

资料来源：http://news.3snews.net/industry/20090903/76.shtml.

二、研究与开发的类型

企业技术研究与开发，归纳起来包括三种类型：产品创新、工艺创新和服务创新。

（一）产品创新

产品创新是指企业通过技术研发从而获得其在市场上首次实现商业价值的新产品。一般来讲，新产品与老产品在结构或物理性能、化学成分以及功能用途方面都有本质上的显著性差异。产品创新按照产品创新程度又可以分为模仿型、改进型、换代型和全新型。

（二）工艺创新

工艺创新是指改善或改进技术活动或生产活动中的操作程序、方式方法和规则体系。工艺创新与产品创新不同，前者侧重活动过程，后者侧重活动结果；前者侧重提高产品质量和生产效率，后者侧重增加产品产量和产品种类；前者体现在生产要素的组合上，后者体现在物质形态的产品上。

（三）服务创新

服务创新是指企业按照顾客的要求改进服务，赢得顾客的满意和忠诚。一般认为，服务创新的方向是在投入较低成本的同时保证高质量。服务与一般商品具有共性，即具有使用价值；同时服务又具有一般商品没有的特殊性质，如无形性、动态性、生产与消费同时性、不可存储性、异质性、时效性、增值性。

三、研究与开发的意义

（一）研究与开发能够提升企业的技术能力

研究与开发最直接的作用在于提高企业的技术水平，增强企业的技术能力，帮助企业获得核心技术，取得更多的技术成果。企业的技术能力主要体现在两方面：其一是企业的硬件技术，即企业所研发及使用的各种先进的设备、仪器、装置等，企业可以通过加大研究与开发的投入来增强硬件技术；其二是企业的软件技术，即企业技术人员的技术知识水平以及解决问题的能力、方法、经验等。企业要增强软件技术，不仅要加大研究与开发的力度，而且要注重技术人才的吸收与培养。

（二）研究与开发能够帮助企业在市场竞争中生存与取胜

市场经济离不开竞争，企业要生存，就必须要在激烈的市场竞争中取胜。研究与开发能够帮助企业获取核心技术，从而为企业赢得技术优势。企业将研发出来的先进技术应用到产品的开发、设计与生产中，打造出具有差异化优势的产品，并进一步降低生产成本，延长产品生命周期，从而提升市场竞争力，以技术优势推动市场竞争优势，促进企业长足发展。

如美国苹果公司长期以来都致力于技术创新研究，通过研究与开发，苹果公司相继推出 iPod 系列音乐播放器、iPhone 系列智能手机、iPad 系列平板电脑等技术产品。这些产品以差异化的优势迅速占领大片市场，为苹果公司开创了一个辉煌的时代。

（三）研究与开发能够促进企业的经济收益

企业生产运营的最根本目的在于不断盈利，获得经济收益。只有不断增加产品的销售量，降低产品的生产成本，才能提高企业的利润。研究与开发能够有效地改进及优化企业的生产流程，降低总成本，并提升产品的产量、质量及功能，从而提高销售额，扩大市场份额，为企业创造更多的经济收益。

【案例 4-2】
沃尔玛的技术研发管理

沃尔玛百货商场是美国最成功的零售企业之一。沃尔玛以其优秀的供应链管理而著称。沃尔玛的成功在很大程度上是依靠成熟的技术研发管理来确保其供应链的高效运行。

沃尔玛开发了一个电脑连线系统，通过这个系统，沃尔玛每一个分店的库存配备都能与总部的中央电脑相连接，从而使总部可以及时地将商品的销售情况通知给主要的商品供应商，让供应商及时补货，同时争取到最有利的商品价格。沃尔玛通过研发这个电脑连线系统，加强了对供应链的管理，保证了商场的正常运作，从而在市场上获得竞争优势。

由沃尔玛的技术研发管理案例可知，技术的研究与开发对于企业的经营运行具有重要的作用，能够使企业获得核心竞争力，并且能够进一步提高企业的经济效益。

资料来源：丹尼尔·佩多索.技术管理及应用［M］.海口：海南出版社，2003.

第二节　技术研发过程管理

只有先声夺人，出奇制胜，不断研发新的技术，不断创造新的体制、新的产品、新的市场和压倒竞争对手的新形势，企业才能立于不败之地。

——黄汉清

一、技术研发模型

（一）市场需求拉动模型

如果技术的研发成果不符合市场需求，技术成果得不到公众的关注，那么该技术的研发也就失去了价值。因此为了获得商业价值，企业必须沿着市场需求的方向进行技术研发，以需求拉动技术。市场需求拉动模型如图 4-2 所示。

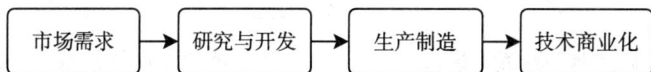

图 4-2　市场需求拉动模型

市场需求拉动模型强调市场需求是企业进行技术研发的主要动力，市场需求为企业带来产品创新、工艺创新和服务创新的机会。

（二）技术推动模型

技术进步能够有效地提高研究与开发的水平，从而使企业将先进的技术应用到产品的生产中，提高产品的操作性及可实现性，以技术来创造新市场，并帮助企业获得技术商业化的成功。技术推动模型如图 4-3 所示。

技术进步 → 研究与开发 → 生产制造 → 技术商业化

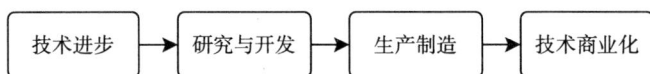

图 4-3　技术推动模型

技术推动模型强调技术进步是企业进行技术研发的主要动力，从而帮助企业创造更多的技术成果，并将技术应用到产品的生产中，以技术创造市场，推动技术的商业化进程。

（三）综合模型

综合模型强调市场需求及技术都是企业进行技术研发的主要动力，并且两者没有主次、先后之分，而是共同促进技术的研究与开发，综合模型如图4-4所示。

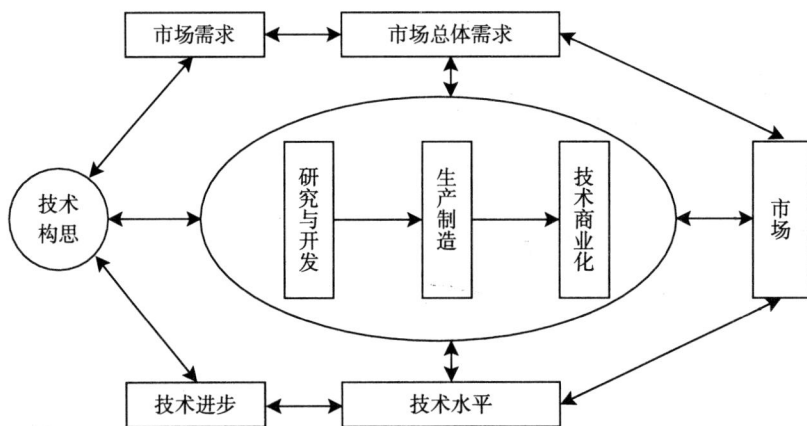

图 4-4　综合模型

资料来源：镇武，刘炳义，董秀成，张建军.企业技术创新与管理［M］.北京：石油工业出版社，2004.

（四）网络模型

网络模型是随着信息网络的出现而出现的，是技术研发模型未来的发展方向。在网络模型中，企业不仅更好地实现各功能的平行作业和一体化，而且广泛地与战略伙伴进行合作。企业通过网络模型，不仅可以充分利用自身的研发能力和优势，而且还可以利用战略伙伴的资源，凭借外部研发能力，更加灵活地进行持续不断的创新，并更快、更好地满足用户需求。

二、技术开发与商业化程序

根据技术创新思想产生到技术商业化的过程，可以构建一个成熟的技术开发与商业化程序。如图4-5所示，产品开发与商业化程序可划分为四个阶段：辨别和评价机会、可行性研究、技术开发、技术商业化。每个阶段又可以细分为不同的步骤，且各阶段都要达到不同的目标，需要解决不同的问题。但是，所有活动都围绕着如何满足并创造顾客需求、如何缩短技术开发周期、如何实现技术商业化而进行。

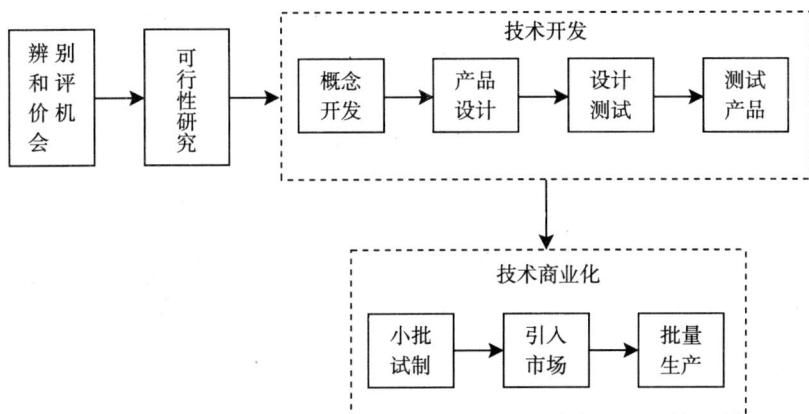

图4-5 技术开发与商业化程序

【拓展阅读】

可行性研究报告有大作用

企业在每个研发项目立项之前都要进行反复考察，编写详细的可行性研究报告，以确保该产品具有潜在商业价值，可以为公司带来未来收益。一旦研发项目被确立，公司则集中力量建设产品开发小组。该小组由生产、研发、营销、人力资源、财务等人员组成，负责在最短时间内完成新技术、新产品的研发。在最后阶段，即产品商业化阶段，公司会派商务开发小组介入，并由产品负责人全权负责。

【案例4-3】

长虹的技术研发创新

作为我国彩电领军企业之一的长虹一直坚信技术研发创新是其发展壮大的必由之路。2004年，长虹选择了IBM公司的产品创新管理（PIM）框架模型。长虹坚信，利用这一PIM框架模型，能够为企业建立一个完善的技术研发创新体系，从而促进企业的技术创新能力。

PIM是一个集成了产品开发（IPD）、市场规划（MP）、新兴商业机会（EBO）和研究/技术管理（RM）的复杂系统，包含了企业创新的各个方面。通过对PIM的引进，长虹建立了完善的产品技术研发体系，从而改进了技术研发流程，增强了技术研发能力，使其技术研发管理取得了更大的成效。

资料来源：http://www.ceconline.com/it/ma/8800057085/01/.

第三节　技术研发模式及其选择

企业需要根据其自身技术研发的特点来选择合适的技术研发模式，这样才能够为其技术研发管理奠定夯实的基础。

——佚名

一、技术研究与开发模式

（一）技术研究与开发

技术研究与开发是一个从研究或试制开始直到新产品投入批量生产的创新过程。这个过程有的可能从基础研究和应用研究开始，也有的可能从产品设计开始，但最终都要落实到产生新产品、新工艺的技术成果上。

技术研究与开发也是一个系统性工程，它的整个过程都体现着有序性、整体性、相关性、动态性以及相互制约性。

【拓展阅读】

技术研究与开发

技术研究与开发带有一定的风险性。既然是一个"创新"过程，就需要投入资金和技术力量，技术研究与开发的结果存在成功与失败这两种可能性。一些统计资料表明，每40种新产品的构思，经过初步评审筛选，剩下28种，经过仔细分析，剩下19种，再经过研究开发剩下3种，到进入商品化阶段还剩2种，而投入市场成功的只剩下1种，因此认真评价选择研究与开发的方式和程序，是技术研发成功的前提条件。

（二）技术研发模式的分类

技术研发模式一般可以分为四类：

1. 独立研究开发模式

这一类技术研究与开发是从基础研究开始，通过应用研究取得成果，再通过发展研究，研制出具有本土特色、适合本企业特点的创新产品，经企业进行试生产，最后投入大量生产。它的整个过程如图4-6所示。

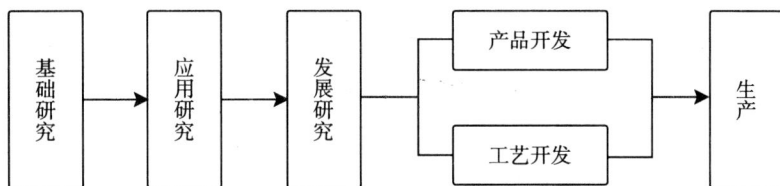

图 4-6　独立研究开发模式

2. 技术引进模式

引进外部已有技术，并尽快掌握消化，制造出新产品，是当前在产品开发中常见的一种模式，这样做既可以节省人力、财力，节省时间，而且成功率高，有利于企业技术的发展。但采用这种模式往往是跟在人家屁股后边走，受别人制约，在技术上没有主动性，因而不宜长期采用。

3. 引进与创新相结合的模式

在引进技术或样机的基础上，加以消化和吸收，借助其中先进的技术、结构，研制出更先进、更适宜的新产品。这种模式应该说是最佳模式，被国内外企业广泛采用，即使工业发达国家也不乏借鉴其他国家先进技术之例。如果在技术研究与开发中，万事从头来，那只能取得事倍功半的效果。

4. 合作开发模式

采用合作开发具有以下几方面的优势：有机会为高风险研究和基础研究提供资金；分散研究费用和风险；有机会学到更多的新技术；能使合作成员有效抵御外部竞争等各种威胁；增加及时掌握新技术的机会；为建立行业内产品的统一标准、标准测试程序和标准原型技术创造机会；可以避免研究开发的重复性浪费；使合作成员有机会开发、出售、许可或交换他们自己研究所产生的概念和副产品；有机会提高竞争情报收集的水平与效果；增加合作成员获得管理训练和提高管理能力的机会。

二、技术研究与开发模式的选择

企业在选择技术研究与开发模式时应综合考虑的因素包括：技术的关键程

度、与该技术相关的产品成本与产量、产品的上市时间。其中上市时间和技术先进性是一对矛盾，根据时间长短和技术高低的组合，存在四种新技术研发模式的选择：一是时间短，技术新；二是时间短，技术低；三是时间长，技术在全球领先；四是时间长，技术低。

（一）时间短，技术新

这类技术适合技术引进完成，引进技术领导者的技术优势，降低研发风险。

（二）时间短，技术低

这类技术主要从研发成本考虑，对于研发能力强的企业可以自主研究与开发。

（三）时间长，技术在全球领先

这类技术需要长期的跟踪和研究，适合具有战略意义的核心技术研究，通常考虑合作开发。

（四）时间长，技术低

这类技术必须通过调查研究，采用技术引进和创新相结合的模式。

【案例4-4】

某家电企业的技术研发模式

众所周知，中国的家电市场竞争激烈，若没有自主研发能力及核心技术，企业将不可避免地陷入技术引进—技术落后—技术再引进的恶性循环中。某企业身处中国家电行业，深深意识到了这一点。该企业管理者认为，企业要实现良性发展，就必须专注于自主的技术研发，使其拥有核心技术，这样才不会受到技术因素的牵制。

2009年该企业在企业内部成立研发机构，专门引进优秀的技术人员，进行该领域的技术研发与人才储备，构建技术创新平台。对该企业而言，核心技术人才的选择至关重要，因为他们肩负着将先进技术导入企业的重任。通过这一技术研发模式，该企业实现了人才培养和技术研发同步，从而以技术形成差异化优势，并走上良性发展的道路。

资料来源：http://biz.163.com/06/0818/08/2OPTMAUD000220N6.html.

本章小结

技术研发管理是企业技术管理的关键组成部分，是企业生存和发展的核心动力。技术研究与开发主要具有七个特征：创新性、探索性、不确定性、风险性、个体性、群体性以及社会性。企业技术研究与开发包括三种类型：产品创新、工艺创新和服务创新。

技术研发的模型主要有四种：市场需求拉动模型、技术推动模型、综合模型以及网络模型。根据技术创新思想产生到技术商业化的过程，可以构建一个成熟的技术开发与商业化程序。技术开发与商业化程序总共划分为四个阶段：辨别和评价机会、可行性研究、技术开发、技术商业化。

技术研究与开发模式主要有：独立研究开发模式、技术引进模式、引进与创新相结合的模式和合作开发模式。企业在选择技术研究与开发模式时应根据自身条件，综合考虑多种因素，这些因素包括：技术的关键程度、与该技术相关的产品成本与产量、产品的上市时间等。其中上市时间和技术先进性是一对矛盾，根据时间长短和技术高低的组合，存在四种新技术研发模式的选择：一是时间短，技术新；二是时间短，技术低；三是时间长，技术在全球领先；四是时间长，技术低。

第五章 技术转移、扩散与商业化

佳能商务便携照片打印机 PIXMA iP90v

2004 年，佳能推出喷墨打印机品牌 PIXMA，这是一款高速度与高品质相结合的产品。在该技术的基础上，佳能于 2007 年推出新一代移动便携式数码照片打印机 PIXMA iP90v，佳能在该产品上取得了更大的技术突破：

（1）携带方便。佳能 PIXMA iP90v 体积小，且重量只有 1.8 kg，一个公文包就可容纳，能够满足客户的移动需要。

（2）高速度运转。佳能 PIXMA iP90v 采用先进的技术，在保持小巧机身的同时，拥有卓越高效的打印效果。佳能 PIXMA iP90v 内部具有 1088 个喷嘴，从而保证了打印的速度。

（3）画质细腻。佳能 PIXMA iP90v 可喷射细小至 2pl 的墨滴，分辨率高达 4800×1200dpi。

（4）支持数码相机直接打印。佳能 PIXMA iP90v 内部兼容全球化的 Pict-Bridge 协议，因此能与其他支持该协议的数码相机品牌直接连接，相片可直接打印。

（5）无线打印。佳能 PIXMA iP90v 通过内置的红外接口及配备蓝牙单元，实现与其他具备红外功能的设备进行无线传输打印。

资料来源：http://news.u88.cn/zx/huangye/169084.htm.

【**案例启示**】佳能利用新技术，将照片打印引入新的发展模式，这无疑是佳能通过利用新技术所获得的巨大利益。同时，也不难发现，技术的商业化给企业带来的利益。对于企业来说，研发新技术是企业发展的原动力，而技术的商业化则是企业不断获得创造动力的支撑。

本章您将了解到：
- 技术转移的内涵、目的及步骤
- 技术扩散的内涵、模式及方式
- 技术商业化的内涵、特征及过程

第一节　技术转移

技术转移有利于繁荣技术市场。

——佚名

一、技术转移的内涵

（一）技术转移的定义

迄今为止，技术转移尚无统一的定义。简单地理解，技术转移是指将技术由其掌握者或提供者向其潜在需求者让渡的过程。技术转移主要发生在技术提供方与技术需求方之间，这两者可以是个人、企业、科研机构等。技术转移的对象是一系列各种形态的技术，这些技术不仅仅包括研发阶段的技术、生产阶段的技术，还涉及创新技术的设想及构思。

（二）技术转移的方向

技术转移主要有以下方向：

1. 企业内部部门间的技术转移

这类技术转移主要是指技术从企业内部某一部门转移到另一部门的过程，如企业的技术研发部门将先进的技术转移到产品设计部门、产品生产部门以及其他部门。

2. 不同企业间的技术转移

这类技术转移主要是指技术从某一企业转移到另一企业的过程，这类技术转移主要包括发达国家企业与发展中国家企业间的技术转移、发达地区企业与落后地区企业间的技术转移、技术领先企业与技术落后企业间的技术转移、高新技术企业与传统企业间的技术转移、身处于新兴产业的企业与身处于传统产业的企业间的技术转移等。

3. 科研机构向企业的技术转移

这类技术转移主要是指技术从某科研机构转移到某企业的过程，如企业与研究院或高等院校内部的实验室进行合作，将这些科研机构的技术转移到企业中。

二、技术转移的目的

（一）技术提供方进行技术转移的目的

技术提供方进行技术转移的目的主要有四点，如图 5-1 所示。

1. 获得经济收益

技术提供方进行技术转移最直接的目的是获得经济收益。技术提供方通过技术转移获得经济收益可分以下两种情况进行讨论：

（1）当技术提供方是大学、研究院、科研所等科研机构时，进行技术转移是它们获取直接经济收益的主要途径。

（2）当技术提供方是企业时，技术转移的对象则主要是那些不适用于本企业

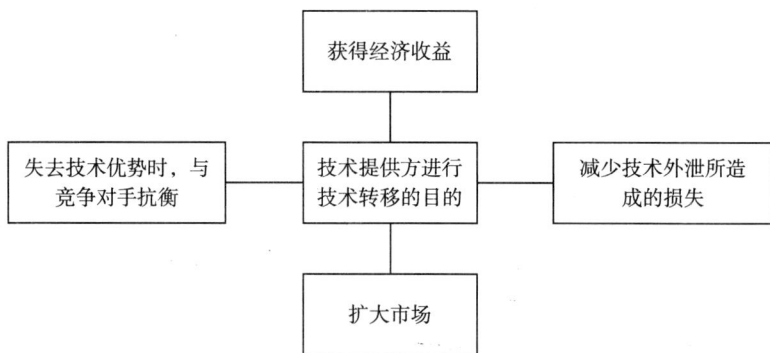

图 5-1　技术提供方进行技术转移的目的

或与本企业总体战略不符的技术，对这些技术进行转移不会对本企业的经营产生影响，而且能够为企业带来一定的经济收益。

2. 减少技术外泄所造成的损失

信息是技术的基本形式，由于技术信息具有流动性及扩散性，为了控制技术信息的外泄，企业必须付出一定的技术信息控制成本。当技术信息控制成本高于企业运营成本或无法控制技术信息外泄时，企业出于成本的考虑，通常会进行技术转移，将损失降到最低。

3. 扩大市场

通过技术转移，技术提供方能够得到了解和进入技术需求方市场的机会，并通过合作，充分利用技术需求方各方面的资源，从而达到扩展市场的目的。

4. 失去技术优势时，与竞争对手抗衡

在某一技术领域内，当拥有某项技术的竞争对手都对外进行技术转移时，那么企业就不再具有技术优势了，此时企业若不进行技术转移，就会失去技术转移的收入，因此，企业为了与竞争对手抗衡，也会加入到技术转移的行列，获取一定的收益。

（二）技术需求方进行技术转移的目的

技术需求方进行技术转移的目的主要有四点，如图 5-2 所示。

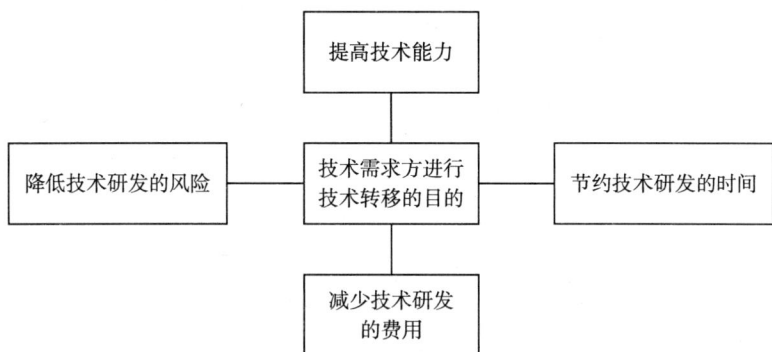

图 5-2　技术需求方进行技术转移的目的

1. 提高技术能力

当企业自身技术能力不足、难以独立进行技术研发时，技术转移是企业获取技术的有效手段之一。技术转移能够迅速提高企业的技术水平，并通过对新技术及新知识的学习、掌握及吸收，进一步缩小企业与其他行业领先者的差距，从而一步一步积累技术优势。

2. 节约技术研发的时间

技术研发成功的时间是不确定的，如果技术研发的时间过长，就会使企业丧失占领市场的先机，即使有一天企业的技术研发成功，但市场已经被竞争对手蚕食得所剩无几，企业终将得不偿失。技术转移能够有效地节约技术研发的时间，并加速技术的商业化进程，为企业赢得先机。

3. 减少技术研发的费用

技术研发往往需要企业投入大量的资金及设备，增加了企业的成本负担。技术转移则能够减少技术研发费用，降低企业的成本。当企业还处于初级发展阶段、缺乏运营资金时，技术转移通常是比较好的选择。

4. 降低技术研发的风险

由于技术研发的成功概率、成功时间、技术成果是否被市场接受等都具有不确定性，技术研发具有一定的风险。技术转移能够有效地降低企业技术研发的风险，帮助企业快速踏上技术商业化进程。

三、技术转移的过程

技术转移的过程可用图 5-3 表示。

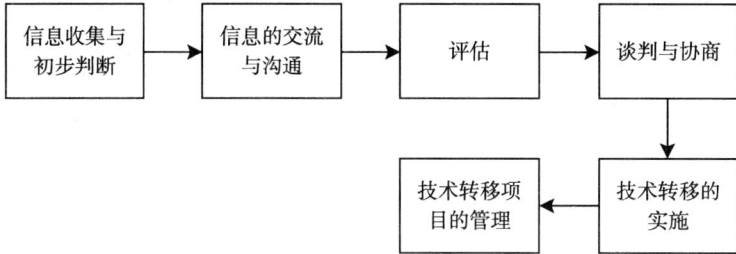

图 5-3　技术转移的过程

（一）信息收集与初步判断

技术需求方通过收集相关信息，找到技术转移的渠道。同样的，技术提供方也能够收集到技术需求方的相关信息。供需双方通过市场调查以及咨询，对信息进行初步判断，从而为后续工作做准备。

（二）信息的交流与沟通

技术提供方与技术需求方就技术转移事项进行交流与沟通，以判断对方是否符合进行技术转移的条件。信息的交流与沟通的内容主要有：技术项目的可操作性及可行性、技术的市场需求情况、技术项目所需的资金及设备、技术的发展前景等。

（三）评估

对各方面信息进行了交流与沟通后，供需双方需要对转移的技术开展评估工作。评估主要包括：

（1）技术方面的评估：技术方面的评估主要是评估技术的可行性、可靠性、操作性、先进性、应用性、成熟度等方面内容。

（2）转移条件方面的评估：转移条件方面的评估主要包括评估供需双方的技术能力、经营情况、资金水平、行业特征以及市场地位等。

（3）综合效益方面的评估：综合效益方面的评估具体涉及技术投入使用后所带来的长、短期的经济效益、社会效益、环境效益，还包括可能产生的不良影响等。

根据评估结果，技术提供方或者技术需求方可作出技术转移与否的意向决策。

（四）谈判与协商

在进行技术转移的评估工作后，技术提供方及技术需求方则会进一步对各种问题进行谈判与协商，以达成协议。谈判与协商的内容主要包括：技术转移的前提条件、具体方式、步骤、价格、期限等相关事项。

（五）技术转移的实施

在技术提供方与技术需求方谈判成功，达成共识后，技术转移就进入了实施阶段。在技术转移的实施过程中，技术提供方将相关的技术资料、数据、图纸以及先进的设备、仪器等交付给技术需求方，并对技术需求方进行培训，以帮助其掌握所转移的技术。

（六）技术转移项目的管理

技术转让项目建设完成之后，还需要处理好相关的后续工作，这样才能保证技术转移项目的正常运行。技术转移项目的管理工作具体涉及：①技术产品的检查与验收；②建立技术产品的质量标准；③制定产品的商业推广方案；④制定技术产品的市场营销决策；⑤改善技术产品的生产流程及工艺设计；⑥加强设备的维护管理；⑦构建及完善技术支撑体系与管理支撑体系。

四、技术转移模式

（一）企业早期的技术转移模式

企业早期的技术转移模式，如图5-4所示。

1. 商品的进出口

商品的进出口是最常见的技术转移方式之一，该方式通过将技术物化在有形产品中实现技术转移，如关键设备、IT软件、生产线等商品的国际贸易。

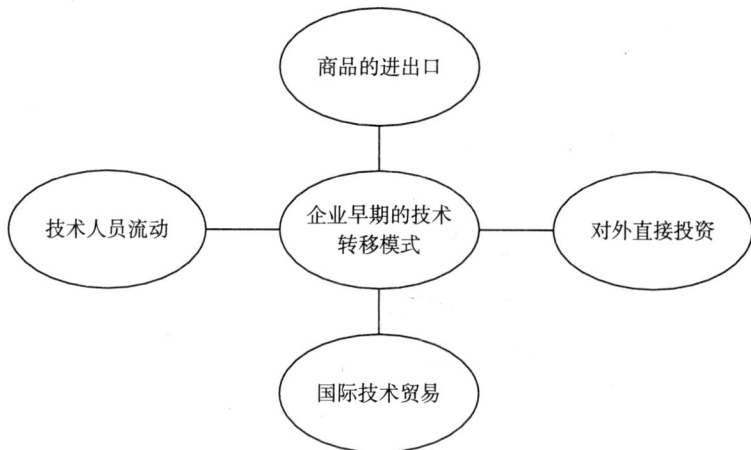

图 5-4　企业早期的技术转移模式

2. 对外直接投资

跨国公司一直通过对外直接投资进行国际技术转让。跨国公司通过这种方式，将资金、设备连同技术一起投向外国子公司。对于发展中国家来说，随着技术转让的进行，会出现技术溢出效应，从而带动当地一大批中小企业发展。

3. 国际技术贸易

技术可以像商品一样在技术市场进行交易，技术的国际买卖形成了国际技术贸易。国际技术贸易可以实现技术在国家之间的转移，这得益于技术许可。技术许可是指许可方授权被许可方在一定时间、一定范围内利用该项技术的权利。

4. 技术人员流动

技术人员在国家间流动也是技术转移的一种形式，只不过这些技术是隐形知识，只有伴随人员流动才可以流动，该形式是一种非常重要的非正式的技术转移渠道。

（二）企业现有的技术转移模式

1. 研究与开发的国际化

研究与开发的国际化是外商直接投资的新形式，它是指跨国公司为了利用发展中国家的高科技人才，以配合公司的全球化布局，在发展中国家创建科研中心，进行新技术的研究与开发活动。该形式对发展中国家具有技术溢出效应，最终产生技术转移。

2. 战略技术联盟

战略技术联盟是指企业间通过在研究与开发领域的密切合作，联合进行技术研发，构建技术壁垒。发展中国家技术水平高的企业可以与发达国家的企业结成战略技术联盟，获取技术转移。

3. 产学研联合体

产学研联合体是由研究机构发起，企业响应，并由研究机构运作的组织形式，旨在促进科研机构与企业的联合攻关和研发活动，培育出具有核心竞争力的产品乃至产业。产学研联合体作为一种新的技术转移模式，具有科研机构的研发优势和企业的商业化优势，是以企业创新为主体，产学研相结合的样板，如图 5-5 所示。

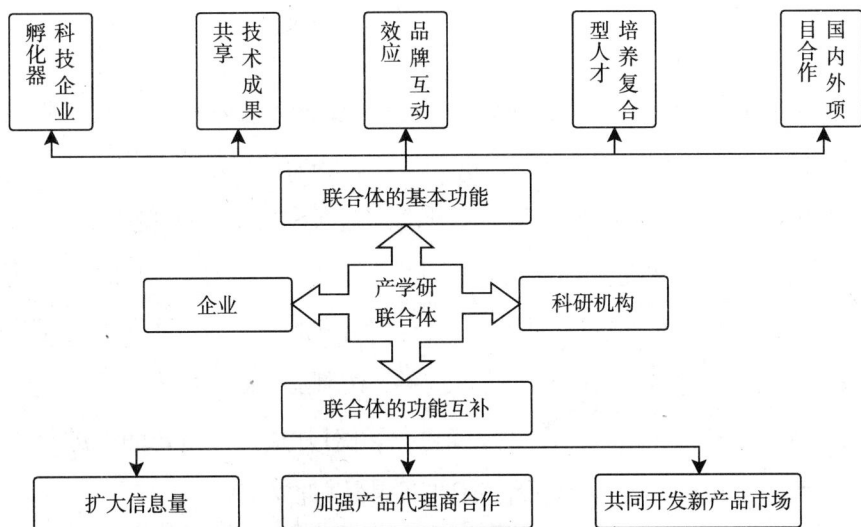

图 5-5 产学研联合体主要功能

五、技术转移的生命周期理论

根据日本学者斋藤优的观点，跨国公司在国际生产经营中的战略可以概括为三种形式：其一，运用新研发技术在本国生产产品，然后出口国外；其二，成为对外直接投资者（FDI），在国外建立生产基地并直接生产和销售；其三，直接进行技术转移。这三种形式看起来是相互独立、互不相关的，实际上却存在着内在联系。

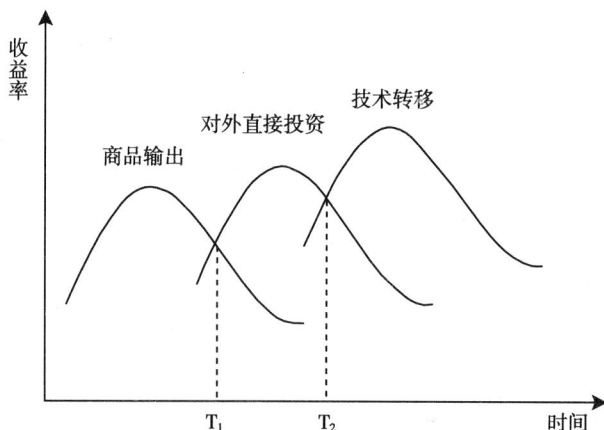

图 5-6　技术转移的生命周期

图 5-6 表明了商品输出、对外直接投资和技术转移三者之间存在的联系。拥有新技术的企业先运用该技术生产产品并出口，随着技术越来越成熟，该企业的产品占有率不断上升，其收益率也逐渐升高，但当该产品在销售国家也能运用当地生产要素被生产出来时，其收益率便开始下降；当企业处于 T_1 时，企业不在本国进行生产，而是对外直接投资，以获得收益率的上升，由于企业在销售国进行产销，提高了当地生产该产品的技术水平，仿制品不断被推向市场，企业的收益率又开始下降；当企业处于 T_2 时，企业不再对外直接投资，而是进行技术输出，不仅可以再次提高收益率，而且还能获得最高收益率。

该理论揭示了技术转移是一项新技术问世之后的必然宿命，也解释了形成技术转移的机制。

【案例 5-1】

跨国并购实现技术转移

跨国并购是中国企业进入海外市场及实现技术转移的有效手段之一。某集团是国内知名的家电生产企业，其于 2003~2010 年先后并购了多家国外企业的家电业务。

该集团本身已具有一定的技术优势，且制定了正确的技术转移策略，从而使跨国并购后能迅速掌握引进的先进技术，实现了技术的融合。通过跨国收购多家国外公司，该集团获得了更多的技术资源及技术人才，使企业的制造水平和工艺水平不断提高，技术研发能力也不断增强，同时，企业在技术标准的制定与产品认证方面占有了主导权，从而有助于企业向产业链上游发展，并使技术转移获得成功。

资料来源：刘文纲，汪林生，孙永波. 跨国并购中的无形资源优势转移分析——以 TCL 集团和万向集团跨国并购实践为例 [J]. 中国工业经济，2001（3）.

第二节　技术扩散

没有扩散，创新不可能有经济影响。

——舒尔茨

一、技术扩散的基本内涵

要理解技术扩散，首先要知道什么是扩散。扩散现象是指分子从高浓度区域向低浓度区域进行转移，直至整个区域达到浓度平衡，并使分子分布到整个区域的现象。在我们的日常生活中无处不见扩散现象，如气体和烟雾的扩散等。

技术扩散可理解为扩散运动的主体是技术，扩散的传播介质是特定的途径或渠道，扩散的结果是技术分布到整个系统中，被系统中各个单元掌握。基于此，我们可以归纳出技术扩散的定义：

技术扩散是指某先进技术或技术创新成果通过某特定的途径或渠道传播至整个系统的过程。

技术扩散主要包括以下几个方面的内容：

（一）技术扩散的驱动力

技术扩散的驱动力是市场需求。当企业对某一技术成果具有需求时，即该企业为技术的需求方。为了获得这一技术成果，需求方通常会引进或购买这一技术，并进行相应的学习与培训，从而使技术由提供方扩散到需求方。

（二）技术扩散的主体

技术扩散的主体是某项技术或技术创新成果，且这些技术或技术创新成果要符合市场需求，具有一定的应用价值。

（三）技术扩散的传播

技术扩散实质上是一项技术由提供方传播到需求方的过程。技术扩散的传播是需要介质的，技术扩散的传播介质包括技术培训、技术交流、技术引进、技术贸易、技术合作等。

（四）技术扩散的时间

技术扩散并不是一蹴而就的，它需要花费一定的时间。如需求方需要一定的时间来考虑是否接受某一技术、提供方需要一定的时间来考虑提供某技术会不会对自身造成影响、技术扩散到整个系统的过程更是需要一定的时间。

（五）技术扩散的系统

技术扩散的系统是由参与技术扩散过程的各个单元有机组合而成的，技术扩散的结果是技术最终分布至系统的各个单元中，从而提升整个系统的技术能力。

二、技术扩散的动力机制

分子扩散现象有两个基本条件：首先，物质分子与介质分子能够相融合。如将适量食盐添加到一杯水中，由于食盐与水分子是相溶的，所以能够发生扩散运动。其次，物质间的浓度差以及外界施加的动力能够加速扩散运动。如本来食盐与水的浓度是不一致的,具有较大的浓度差,且浓度差越大,扩散运动的速度越快;并且当外界对其进行升温时,扩散运动的速度也会加快,盐水就会更快速地达到浓度平衡的状态。

技术扩散的动力机制与分子扩散相似。技术扩散的总体介质是市场体制、社会经济活动、技术合作活动等,技术必须要与当前的市场体制、社会经济活动、技术合作活动等相一致,这样扩散才有可能发生。同时,加速技术扩散的动力有两个:其一为浓度差,即技术创新成果所带来的收益差别;其二为外界施加的动力,即资金、政策、经济、法律等条件。

【案例 5-2】
跨国公司在中国的技术扩散

据统计,直到 1998 年,全球最大的 500 家跨国公司中已经有近 200 家落户上海。跨国公司对我国的直接投资带来了先进的技术,提高了我国企业的生产实力,促进了我国一批高新技术企业的成长。

跨国公司直接投资的效果可体现于技术扩散的程度上。而企业的技术扩散通常用国产化程度来衡量。国产化又可分为浅度国产化和深度国产化两个阶段。经调查得知,上海浦东新区 80 家大型外商投资工业企业中,有 77.5% 的企业处于浅度国产化阶段,有 16.25% 的企业处于深度国产化阶段,而实现了技术创新的企业只有 5 家,占总数的 6.25%。调查的结果说明,尽管中方的技术扩散取得了一定的成绩,但其并没有掌握产品的核心技术,技术创新能力并不强。

对于大部分企业而言,技术创新能够推动技术扩散,但对于外商直接投资企业来讲,技术扩散在技术创新之前发生,且技术扩散的程度直接制约了技术创新。因此我们应该理性地看待技术扩散,不能只盲目地追求技术扩散,而忽略了技术的自主创新。

资料来源:谢洁.跨国公司在中国的技术扩散 [J].跨国经营,1998(11).

三、技术扩散的生命周期特点

技术扩散在技术生命周期内呈"S"形曲线，如图 5-7 所示。

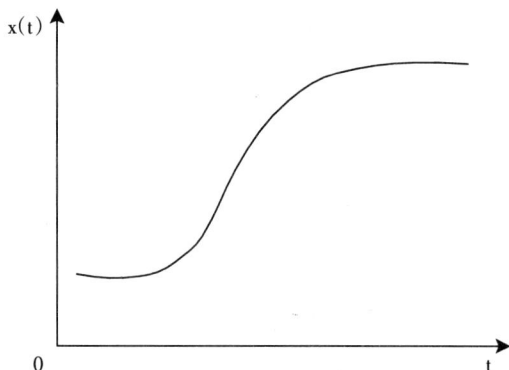

图 5-7　技术扩散曲线

技术的生命周期总共划分为四个阶段，大致为萌芽期、成长期、成熟期、衰退期。在不同的阶段，技术扩散有不同的特征。

技术扩散在各个周期的特点如下：

（一）萌芽期

不成熟，不稳定，可靠性较低，成本较高，因此技术扩散速度较慢。

（二）成长期

优越的功能，稳定的性能，较低的成本，因此技术扩散速度明显加快。

（三）成熟期

技术趋于完善，应用比较确定，市场趋于饱和，因此扩散速度降低。

（四）衰退期

趋向萎缩，被新技术替代，因此扩散停止，新技术扩散开始。

四、技术扩散方式

一般来讲，技术扩散主要包括两种方式：有偿技术扩散和无偿技术扩散。无偿技术扩散的主要方式有：举行展示会、交流会、技术讲座、培训、交换技术资料、派人出国考察等。

现今是市场经济，技术作为一种特殊商品，主要是以有偿方式进行扩散。下面着重介绍三种有偿技术扩散方式。

（一）技术贸易

技术贸易主要包括专利许可、商标许可、专有技术许可、成套设备的买卖四种方式。

1. 专利许可

专利许可是指技术提供方没有任何义务向技术需求方传授技术资料，而只是给予技术需求方在一定时间、一定区域使用该项专利技术的权利，并按照合同规定，将产品销往特定地区的销售权利。

2. 商标许可

商标许可是指技术提供方出让商标的使用权，也可以出让商标的所有权，但技术需求方须遵守商标许可合同中质量保证条款以及商标使用形式的约定条款。

3. 专有技术许可

专有技术许可一般规定技术提供方向技术需求方提供技术资料、技术指导和人员培训。

4. 成套设备的买卖

成套设备的买卖是指设备的提供方不仅出让设备，也出让设备的核心技术资料，并提供人员培训。

【案例 5-3】

某公司的跨国技术贸易纠纷

2010 年，我国某设备制造公司与美国某公司进行技术贸易合作，签订合同，引进新型涡轮生产设备及制造该设备的专有技术。该合同规定，作为转让方的美国公司须于 2011 年 6 月前向作为受让方的我国某设备公司交付一整套新型涡轮生产设备及核心技术资料。合同还规定，若受让方要出口该设备，必须要与转让方进行协商，从而保证转让方的国际市场。

受让方在签订合同前并没有仔细审查合同，直到履行合同时，才发现其出口该设备的权利受到剥夺，即受让方出口该设备必须得到转让方的允许。受让方与转让方进行磋商，磋商失败后，受让方向法院提出诉讼。经长时间的法院审理与谈判，最终双方达成庭外和解协议，转让方同意受让方出口该设备，而受让方则要向转让方支付 20 万元的补偿金。

资料来源：http://doc.mbalib.com/view/eb099f6d234218287dde0819258792a1.html.

（二）合作生产

合作生产是指技术提供方提供技术或生产设备，而技术需求方按照专业化分工生产某种产品或零部件，或者进行零部件装配生产。通过合作生产，技术提供方可以降低生产成本，提高收益，而技术需求方可以获得新技术和新工艺，提高自身的生产制造能力。

【案例 5-4】

联想与英达伟合作打造高品质个人电脑

2009 年以来，随着《阿凡达》等 3D 电影的热映，全世界掀起了一股 3D 热潮。作为知名个人电脑生产企业的联想公司也抓紧时机，推出 IdeaCentre K 锋行系列个人电脑。在该系列个人电脑开发过程中，联想与英达伟公司进行合作，结合英达伟 GTX 460 显卡技术，以令用户享受高清流畅的 3D 画质，体验卓越的多媒体感受。联想的产品理念与英达伟的技术相结合，有利于缔造完美的用户体验，创造更大的商业价值。

资料来源：http://news.zol.com.cn/226/2266446.html.

（三）技术服务

技术服务主要是指技术咨询、技术培训以及设计承包等，其可以使技术提供方获得最佳技术转让收益，技术需求方则可以以最低成本获得急需的技术。

【案例5-5】

八百客的技术服务

八百客信息技术有限公司（以下简称"八百客"）是我国著名的在线企业管理软件供应商。八百客利用技术帮助企业客户快速搭建信息管理系统，以使它们在全球竞争中取得优势。

为了向客户提供全球最先进的技术、咨询以及最适合本土客户的信息管理应用服务，八百客在北京和美国硅谷都设立了专门的技术研发团队及研发实验室。目前八百客的客户达6000多家，其中包括中国移动、清华紫光、开心网、环球雅思、加拿大铝业等大型企业。2010年，八百客推出了企业云计算应用商店，其将为客户提供全新的云计算服务。

资料来源：http://www.800app.com/company/CRM-800app-aboutus.htm.

第三节　技术商业化

商业化是适应现代社会最强有力因素。

——萨马兰奇

一、技术商业化的内涵

（一）技术商业化的概念

技术只有走向市场，实现商业化进程，才能为企业创造价值，因此技术商业化是企业进行技术开发与管理的核心目标。

技术商业化是指企业对技术进行一系列营销、制造、推广、展示等工作，使技术不断增值，并符合商业目的，被市场所接受。

【拓展阅读】

技术商业化与产品商业化有区别

产品商业化主要是从产品的概念设计出发，并经过开发及制造环节，最后通过销售的方式走向市场。而技术商业化的范围比产品商业化更为广泛，在产品构思成形之前技术的增值就已开始，技术商业化包含了技术概念的提出、技术研发、技术转移、技术扩散、技术应用、技术产品生产、技术产品销售等一系列环节，并以销售技术产品、技术合作、技术转移等方式获取收益，实现商业化的成功。

（二）技术商业化的特征

一般而言，技术商业化的本质是一种商业行为，其出发点是追求商业利益，要经历是一个长期复杂的过程且具有不确定性。[①]

————————

① 唐方成. 新技术的商业化战略 [M]. 北京：科学出版社，2010.

二、技术商业化过程

技术商业化过程主要包括五个步骤，即技术构想、技术孵化、技术展示、技术推广、技术衍生，如图 5-8 所示。

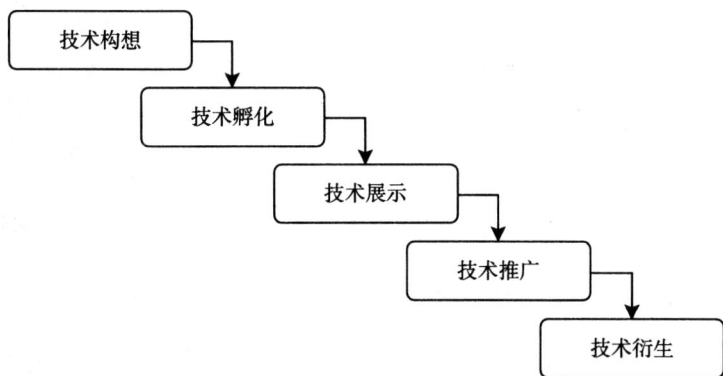

```
技术构想
    ↓
  技术孵化
      ↓
    技术展示
        ↓
      技术推广
          ↓
        技术衍生
```

图 5-8　技术商业化过程

（一）技术构想

技术商业化起源于技术构想，但仅仅有技术构想是不够的，还要分析这一构想是否符合市场需求，是否具有商业价值，是否能够带来商业利润，因此技术构想必须要与市场相结合，这样才能取得技术商业化的成功。

在技术构想阶段，技术的市场需求、经济效益以及技术商业化的成功概率是极其不确定的，同时技术构想的判断具有高度主观性，从而导致了技术构想难以引起投资者的兴趣。因此在构想阶段，必须明确技术的市场价值及未来的发展潜力，并把握好技术构想提出的时机，从而尽可能地降低各种不确定因素，以获得投资者的认同与支持。

（二）技术孵化

好的技术构想只是技术商业化的开端，在实际的技术商业化进程中，企业往往受到技术、成本、市场等因素的制约，使技术构想难以实现。技术构想的实现不仅仅需要投资者的认同与支持，还需要对技术构想进行一系列设计、开发、研发、制造、规划、试销、销售等工作。技术孵化就是一个对技术构想进行具体实施的过程，从而使投资者明确技术商业化的潜力以及预期市场收益。

（三）技术展示

技术只有以产品的形式走向市场，才能受到消费者的关注，才能获得商业化的成功。技术展示是技术走向市场的第一个平台。技术展示的主要工作是在商业市场或流通领域中展示某项技术的各方面功能，激发消费者的购买欲望，为后续的产品推广打下基础。技术展示也能够调配市场要素，从而获得供应商、分销商、配套厂商的支持。

（四）技术推广

技术展示只是向客户展示某项技术的功能，但客户未必都会主动接受这一技术，因此企业需要通过技术推广，将技术推向客户，争取关键客户的支持，并不断创造客户价值，创造新市场。

（五）技术衍生

技术产品在市场上获得一定的客户基础以后，企业需要不断改善技术产品的经营模式，并不断加强技术的持续创新，从而推动衍生技术以及衍生产品的发展。技术衍生是技术商业化的最后一步，能够帮助企业不断扩大市场占有率，提高竞争优势，从而促进企业的技术商业化进程。

【案例5-6】

通用汽车公司力推形状记忆合金技术商业化进程

形状记忆合金技术是一种能够收集汽车发动机的多余热能，并将之转化为电能的技术。通用汽车公司一直以来致力于形状记忆合金技术的研究，并取得了一定的进展。通用汽车公司相信，如果这一项前瞻性技术能够实现商业化进程，这将有效地解决全球能源短缺的问题。

2009年，美国国家能源部拨付给通用汽车公司一笔270万美元的专项研究资金，用以支持通用汽车公司及其合作伙伴对形状记忆合金技术的研究。通用汽车公司表示，政府和民众的支持和认可，是推动形状记忆合金技术踏上商业化进程的强大动力。通用汽车公司将继续与合作伙伴通力合作，并充分利用这一笔专项研究资金，加快形状记忆合金技术的研发力度，从而不断推动形状记忆合金技术的商业化生产，为企业带来巨大的商业利益。

资料来源：http://auto.sohu.com/20091104/n267962544.shtml.

本章小结

技术的发展与普及离不开技术转移、技术扩散和技术商业化。

技术转移是指将技术由其掌握者或提供者向其潜在需求者让渡的过程。技术转移的过程包括五个步骤，即信息收集及初步判断、信息的交流与沟通、评估、谈判与协商、技术转移的实施、技术转移项目的管理。早期的技术转移模式主要有商品的进出口、对外直接投资、国际技术贸易、技术人员流动四种，而随着技术的不断革新，技术转移模式发展为研究与开发的国际化、战略技术联盟以及产学研联合体三种。

技术扩散是指某先进技术或技术创新成果通过某特定的途径或渠道传播至整个系统的过程。技术扩散的方式主要有技术贸易、合作生产、技术服务等。

一项技术只有商业化，才能实现其价值，才能保证技术投资对投资人的吸引力，从而进一步实现技术的进步。技术商业化是指企业对技术进行一系列营销、制造、推广、展示等工作，使技术不断增值，并符合商业目的，被市场所接受。技术商业化过程主要包括五个步骤，即技术构想、技术孵化、技术展示、技术推广、技术衍生。

第六章 技术商品定价

微软技术商品的定价

据统计，微软公司（以下简称微软）软件的使用率为90%，微软的成功离不开其技术商品的定价策略。微软公司主要有两个最典型的技术商品定价案例：

1. IE 浏览器供用户免费使用

微软所开发的 IE 浏览器是一款供用户免费使用的软件，因而吸引了大量的用户。微软免费派发 IE 浏览器，一方面能够积累大量用户，另一方面能够提升微软在用户心中的地位，使用户更加信任微软的其他产品。如今多数用户已经习惯使用 IE 浏览器，并将其设置为默认的浏览器。

2. Office 办公软件的捆绑定价

Office 办公软件主要包括文字处理软件——Microsoft Word、演示软件——Microsoft PowerPoint、表格处理软件——Microsoft Excel、项目规划软件——Microsoft Project、数据库——Microsoft Access 等。微软目前将一系列 Office 办公软件进行捆绑销售与捆绑定价，这样能够促使用户使用该系列的其他软件，并形成惯性，从而产生"1 + 1 > 2"的效果。

微软清楚地认识到，技术商品尽管固定成本高，但是其边际成本却很低，只有销售更多的技术商品，公司才能获得更大的收益。

资料来源：李莹. 信息产品的定价方式 [J]. 图书情报知识，2004（3）.

【案例启示】技术商品定价是企业技术管理活动中必不可少的内容。只有根据市场和商品的实际情况，为技术商品制定合理的价格，才能使技术商品在市场上得到推广，并取得商业化的成功。

> **本章您将了解到：**
> ● 技术商品的内涵及特征
> ● 技术商品定价
> ● 影响技术商品价格的因素
> ● 技术商品的计价模型

第一节　技术商品定价概述

技术商品不存在一个社会平均的必要劳动时间作为评价的标准，而应当按照劳动价值论的原理，结合科技劳动的特点，对其价值作分析与估量。

——佚名

一、技术商品的内涵

技术商品是一种技术创新成果或知识性劳动。技术商品不同于一般的商品，它除了具有一般商品的特性外，还具有知识形态的特性，并以市场交换的方式，实现技术转移及知识传播的目的。

（一）技术商品的分类

根据商品的形态，技术商品可分为硬件技术商品和软件技术商品两种，技术商品的分类如图6-1所示。

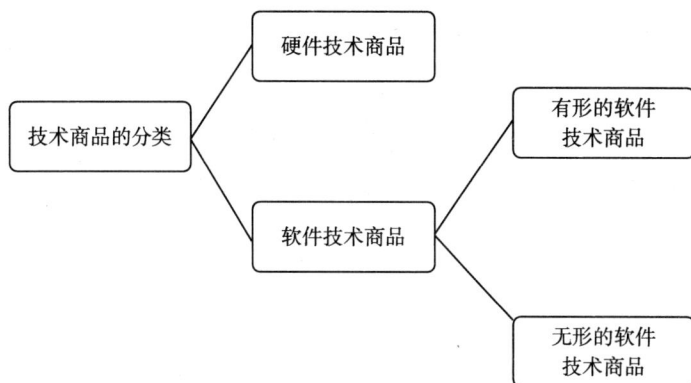

图 6-1　技术商品的分类

1. 硬件技术商品

硬件技术商品是一种具有实物形态的技术商品，它主要是将技术成果及技术知识转化为实体物质，以满足人们的生产及生活需要。硬件技术商品主要包括先进的技术设备、仪器、实验装置、工具、智能手机等。

2. 软件技术商品

软件技术商品不同于硬件技术商品，它不具有实物的形态。软件技术商品又分为两种，即有形的软件技术商品与无形的软件技术商品。

（1）有形的软件技术商品。有形的软件技术商品是一种具有固定载体的技术成果或知识技能，如情报资料、技术资料、技术方案、设计图纸等。

（2）无形的软件技术商品。无形的软件技术商品实质上是一种技术服务，它没有固定载体，而是通过言语交流或操作演示等方式对各种技术成果或知识技能进行传播，如经验、技巧、操作、咨询、培训等。

（二）技术商品的特征

技术商品除了具备普通商品的特征外，还有以下四个特征，如图 6-2 所示。

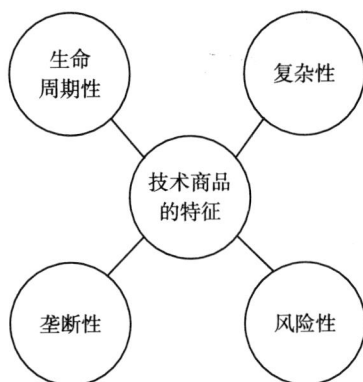

图 6-2 技术商品的特征

1. 复杂性

与普通商品相比，技术商品的研发、制造及流通过程更为复杂，科技含量更高，因而技术商品容易给买卖双方带来比较严重的信息不对称的现象。对此，技术需求方通常要经过认真的调查分析、评价、协商、权衡等才会作出购买决策。此外，技术商品如果是高度复杂的技术项目，供应方还需要向需求方提供比较全面的技术培训、咨询等服务。

2. 风险性

技术的研发及引进过程是不确定的，从而使技术商品具有风险性。技术商品通常会涉及三种主要的风险，即研发风险、生产过程中的风险以及外部环境风险。

3. 垄断性

技术商品具有垄断性，能够给企业带来垄断收益。企业为了保持行业内的垄断地位，获取垄断收益，通常会采取一定的法律措施或保密手段来保护技术商品的垄断性，如对某项高新技术商品申请专利。

4. 生命周期性

技术商品和技术一样，它的发展也遵循一定的生命周期规律，也需要经历萌芽期、成长期、成熟期、衰退期四个阶段。由于科技的不断发展，某项技术商品不可能一直在市场上保持着垄断优势，终究会被更先进的技术商品所取代，从而退出市场。

二、技术商品价格的内涵

技术商品价格简称技术价格，技术商品价格是技术商品价值的货币表现形式，简单地理解，技术商品价格是企业通过出售某技术商品或转让某技术所直接获取的货币收益。

根据商品的形态，对技术商品价格的分析主要有以下两种情况：

（一）硬件技术商品的价格

硬件技术商品凝聚了大量开发人员及技术人员的复杂脑力劳动，具有更高的附加价值，且硬件技术商品能够以生产要素的形式投入到产品的生产制造过程中，并将其价值转移到其他产品上，因此与同类实体商品相比，硬件技术商品的价格应更高。

（二）软件技术商品的价格

软件技术商品的生产同样包含了大量开发人员及技术人员的复杂脑力劳动，因此软件技术商品具有较高的价值。同时，软件技术商品的价格也受到其垄断程度的影响。通常垄断程度越高，软件技术商品的价格越高。

三、技术商品的价格决定论

（一）基于价值的价格决定论

马克思在劳动价值论中指出价值实体是技术商品生产者的抽象劳动，人们对这一定义基本达成了一致认识，但在技术商品的价值量的衡量方式上却出现了分歧，并直接造成了定价模式上的差异。

技术商品价值量的衡量方法主要有两种：

1. 社会必要劳动时间决定论

技术商品也是商品，其生产与流通同样受价值规律的支配，这也就是说技术

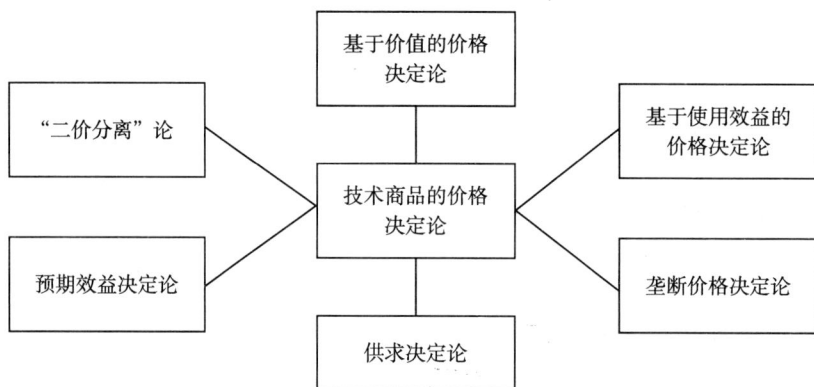

图6-3 技术商品的价格决定论

商品的价值量也由其社会必要劳动时间决定，这里的社会必要劳动时间通常是一定条件下的社会均值。但值得注意的是，技术商品作为独创性劳动的结晶，它具有生产的一次性，所以生产技术商品的个别劳动时间往往就作为其社会必要劳动时间。

2. 个别劳动时间决定论

技术商品的价值量往往是根据最先获得开发成功并申请成功的研制者的个别劳动时间来确定的。

（二）基于使用效益的价格决定论

技术商品的不可复制性决定其不可能像普通商品一样进行大规模的批量生产，这是因为每种技术商品都有其独特的使用效益。这种"独特性、唯一性"意味着技术商品与其他商品的劳动消耗是不同的，它没有所谓的"社会平均的劳动强度及熟练度"可言，那么也就没有所谓的社会必要劳动时间。所以，此时可以根据技术商品所创造的经济效益的大小来确定其价格，即根据使用价值来确定价格。

（三）垄断价格决定论

加大劳动投入未必就会提升技术商品的产出量，这是因为技术商品具有不可复制性且由生产者所独有，它属于不能大规模批量生产的特殊商品。技术的这一特性决定了其价格为垄断价格。在实际工作中，通常借助申请专利保护来确保技术成果的垄断地位，此外非专利技术也能够通过实施保密措施达到垄断效果。

（四）供求决定论

同其他商品一样，技术价格也受市场供求规律的影响并且由供求关系决定。根据供求规律，在某项技术商品的萌芽期与衰退期，不管采用何种策略，需求量总的来说还是有限的，此时需求不足使得要采取低价策略；而在技术商品的成长期与成熟期，由于人们了解到该技术产品能产生较高的经济效益，所以会明显地激发对该技术成果的需求，这时候就可以采取高价策略。可见，技术的价格是供应方和需求方价格协调的结果，当然要遵循供求规律。

（五）预期效益决定论

技术商品的经济效益是通过对企业预期利润率与原有利润率的比较来确定的。企业购买技术商品要考虑投入与产出两个要素。只有投入与产出正相关，并且预期利润率大于原有利润率时，技术商品才能为企业带来经济效益，这也是确定技术价格的主要依据。

（六）"二价分离"论

首先，技术商品的独特性及不可复制性，表明技术价格的确定不会出现由个别劳动时间向社会必要劳动时间过渡的情况，这也进一步说明对技术价格的确定不能简单地照搬"成本加利润"的普遍定价模式。技术的使用价值不具有普通商品的直接性，它间接地渗透到各生产环节，再历经若干个转化过程最后形成现实的生产能力。

其次，同一种技术商品交易通常会有很多次并且是不确定的，就会使得技术的个别成本不可能对其价格构成权威性的影响，这又进一步造成了技术商品的价格和价值的完全分离。

【案例 6-1】

iPod 定价策略的成功运用

美国苹果公司所推出的 iPod 播放器是全球最成功的播放器技术产品之一。iPod 商业化的成功很大程度上依赖于其定价策略。

2001 年，苹果公司推出第一款 iPod，售价为 399 美元。尽管价格偏高，仍然吸引了大批消费者购买。半年后，苹果公司又推出了一款容量更大的 iPod，定价为 499 美元，购买的人依然络绎不绝。

苹果公司将 iPod 定位为高端潮流的技术产品，从而吸引了大批有经济能力的潮流人士争相购买。对于像美国苹果公司这样的专门研发创新技术的企业而言，它们不断开发新技术的最终目标是将其技术商品推向市场并盈利。企业的技术商品要获得商业化成功，定价是关键。只有根据技术商品的特性与定位，合理地运用适当的定价方式，才能够使技术商品快速占领市场，获得成功。

资料来源：杨蔚.美国苹果公司 iPod 产品的定价及营销策略分析 [J].中国物价，2007（2）.

第二节　技术商品的计价基础与计价因素

技术商品的定价不同于普通商品，应该建立在其特性之上，并需要考虑一定的计价因素。

——佚名

一、影响技术商品价格的因素

技术商品具有复杂性、风险性、垄断性及生命周期性的特征，是一种特殊的商品。技术商品的定价不仅要考虑技术商品投入后所产生的经济效益，而且需要考虑技术商品的以下因素：

（一）成本因素

任何商品的定价都要考虑到成本因素，技术商品也不例外。一般来说，技术商品的成本越高，技术商品的价格越高。技术商品的主要成本包括三类，即技术商品的开发成本、生产成本和转让成本。

1. 开发成本

技术商品的开发成本是指企业为生产某一技术商品而在技术开发及产品开发过程中所投入的全部成本。

2. 生产成本

技术商品的生产成本是指企业在将技术转化为商品的制造过程中所投入的全部成本。

3. 转让成本

技术商品的转让成本是指企业在转让技术的过程中所发生的全部成本，技术商品的转让成本与技术商品的开发成本及生产成本无关，而与技术项目的复杂程度及规模大小有关。

（二）技术因素

技术是影响技术商品价格的一个重要因素。技术因素主要包括技术商品的技术含量、技术水平、创新水平、工艺水平等。通常而言，技术商品的技术含量越高，技术水平、创新水平及工艺水平越先进，那么技术商品所包含的脑力劳动就越多，其价格也就越高。企业只有拥有核心技术，才能使同行业竞争者难以模仿和超越，从而使企业获得更巩固的市场垄断地位，并创造更多价值。

（三）商业化因素

技术商品的定价与技术商品的商业化程度也有一定的关系。技术商品的商业化程度大概可以总结为：可行性分析、方案设计、试生产、小批量生产、大规模投产等。通常情况下，技术商品的商业化程度越高，客户所承担的风险就会越小，技术商品的价格就越低。

二、技术商品的定价原则

技术商品的独特性及唯一性决定了其在定价原则、定价模式、价格构成等方面都具有特殊性。在建立技术商品定价模型以确定技术商品价格时，为保证模型的依据充分及可操作性，应该率先明确技术商品的定价原则。

一般来说，技术商品的定价原则主要表现为五个方面，即成本回收原则、利润分享原则、贴现原则、风险共担原则、综合定价原则，[①] 如图6-4所示。

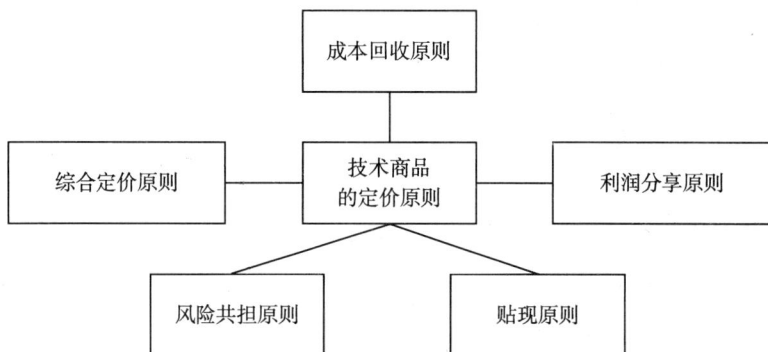

图6-4 技术商品的定价原则

（一）成本回收原则

没有人愿意做赔本生意，所以，回收成本应该是技术商品卖方的最低要求。对于技术商品而言，应收回的成本主要包括转让成本、沉没成本和机会成本。

（二）利润分享原则

技术商品的定价模式不仅需要考虑如何补偿应收回的成本，而且应当考虑部分新增利润，这是因为技术产品的使用可以为其使用者带来利润的增长，这其实强调了技术买卖双方对新增利润的分享。在实际交易过程中，一般采取销售分成的方式来达到分享的目的。

---

① 吴信龙. 浅议技术商品价格制定 [J]. 合作经济与科技，2009（8）.

（三）贴现原则

因为技术项目成本的支出、价款支付、收益的取得总是存在时间差距的，所以，在确定技术价格时，应该将相关技术资产从研发到商业寿命终结为止的每一项流入、流出资金的时效性考虑进来。实际工作中，可以采取计算贴现率的方法计算出技术转出时的净现值，只有这个数值才能够比较真实地反映出技术资产的价值。

（四）风险共担原则

通常来说，技术商品买卖双方都需承担相应的风险，供应方承担的主要是技术研发风险，而需求方承担的主要是生产风险与市场风险。

（五）综合定价原则

综合定价原则是指综合及全面地考虑影响技术商品计价的各种因素，同时将这些因素体现在技术商品计价模型中。

【案例 6-2】

技术商品定价应考虑其长远利益

本田公司推出的一款混合动力车 Insight，当时的定价只有 2 万美元，该定价低于其生产成本。而本田公司认为，低价销售混合动力车能够为自身带来长远的利益，有利于使混合动力技术的研发能力得到提高与改进，更能够为本田公司树立绿色环保企业的形象。

很多时候，技术商品的定价低于成本，是因为商家希望通过品牌效益或配套服务的利润来弥补损失。例如，很多软件公司使其产品定价低于生产成本，从而吸引了更多人使用该款软件，最终从许可授权中获利。

资料来源：Melissa A. Schilling. 技术创新的战略管理 [M]. 北京：清华大学出版社，2005.

第三节　技术商品的计价模型

如何有效地确定技术商品的价格，是加速技术产业化和技术商品化的一个关键环节，因此企业应该根据一定的技术商品的计价模型来为其技术商品确定一个合理的价格。

——佚名

根据第一节所介绍的技术商品的各种价格决定理论，接下来将进一步介绍几种具体的技术商品计价模式，归纳起来主要包括三种模型：$P = C + V + KM$ 模型、$P = k (C + M) + rE$ 模型、总和价格模型。

模型 1：$P = C + V + KM$

其中，P 为技术商品的价格；C 为研制方投入的固定成本；V 为研发投入中的可变成本；KM 为从转让技术的生产方所获盈利的分成部分。该模型与传统的成本加利润的定价模式并没有本质的区别。尽管在上两节阐述过程中已经明确指出这种方法很难解释，但在实践工作中仍然有相当一部分企业采用该法。

模型 2：$P = k (C + M) + rE$

其中，k 为生产成本系数；r 为经济效益系数；E 为技术商品为社会带来的经济效益。这里的经济效益是指技术商品为社会所节约费用的活劳动和物化劳动。k、r 的取值范围为：$0.7 \leqslant k \leqslant 0.9$，$0.1 \leqslant r \leqslant 0.5$，$0.8 \leqslant k + r \leqslant 1.4$。

模型 1 和模型 2 的区别体现在 k 值与 r 值的选用方面。一方面，研究方在生产技术商品过程中所支付的生产成本不能够补偿全部生产成本，而只能补偿大部分，至于余下的部分就需要从经济效益中获取补偿。其原因在于技术商品的生产具有很大的实验性和不确定性，若全部补偿的话，研究方会有较大的安全保障感，这样他们就可能不会自觉地节约试验成本了。另一方面，从技术所产生的经济效益来补偿部分生产成本，这有助于迫使研究方在研发技术商品时就一定要同时将其经济效益考虑进来。

由以上分析可知，模型 2 定价的关键在于如何对生产成本进行补偿。技术生产成本属于已经发生的费用，所以容易确定，但是技术的经济效益却是在技术商品投入使用后才能形成，并且要在技术商品卖出去以后才能够得到，所以具有很大的不确定性。但是，不管怎样，生产成本都应该得到补偿，所以应该将其包含在技术商品的价格构成范畴。

模型 3：总和价格模型：$P = C + \sum_{i=1}^{n} X_i = \sum_{i=1}^{n} (C_i + X_i)$

其中，C_i 为将个别成本合理分摊到各次交易价格中的部分；X_i 为每次交易中对技术转让方用于新技术开发方面的追加额；n 为技术使用权转移的次数，特别指出的是，当 $n = 1$ 时，表示专利技术权是一次性转让。

模型 3 是在"二价分离"价格决定论的基础上构建的。但是根据"二价分离"理论，个别成本是指创造技术自身价值与使用价值的必要时间耗费，它在技术商品生产出来以后就客观存在了。如果采用其他成本分摊方法（如个别成本方法），那么每次分摊份额的确定通常比较困难，原因在于转让方事先根本不清楚以后将会转让多少次。

概括地说，技术商品定价模型有不同的形态、特点以及理论依据，在实际工作中，还需要深入研究如何科学地、合理地制定计价模型，以便为技术市场的发展和成熟提供支撑，并充分发挥技术商品在我国市场经济环境中的作用。

本章小结

技术商品定价是实现技术转移及技术商品化的关键环节。技术商品有别于一般商品，是通过市场交换来实现技术传播和转移的知识性成果的。技术商品具有四种特性：复杂性、风险性、垄断性以及生命周期性。技术商品的价格决定论包括：基于价值的价格决定论、基于使用效益的价格决定论、垄断价格决定论、供求决定论、预期效益决定论、"二价分离"论。

影响技术商品价格的因素主要有成本因素、技术因素和商业化因素。技术商品的定价需要遵循一定的原则，这些原则主要包括：成本回收原则、利润分享原则、贴现原则、风险共担原则以及综合定价原则。

技术商品计价模式主要有三种，即 $P = C + V + KM$ 型、$P = k(C + M) + rE$ 模型以及总和价格模型 $P = C + \sum_{i=1}^{n} Xi = \sum_{i=1}^{n}(Ci + Xi)$。技术商品定价模型有不同的形态、不同的特点以及不同的理论依据，在实际应用中，应该根据企业和市场的实际情况，选择合适的定价模式，使其发挥最大的效用。

第七章　技术组织管理

苹果公司的技术组织管理创新

苹果公司是目前全球最具价值的科技公司之一。苹果公司的成功不仅仅来自产品的技术创新，而且还与其技术组织管理的创新息息相关。

1. 责任制组织文化

苹果公司采用召开例会的方式向员工灌输一种责任制文化。苹果公司的前首席执行官乔布斯认为，每周数次的例会能够帮助管理层了解整个公司的运作情况，并清楚地知道公司研发的每项技术的进展，因此，这种例会是公司需要坚持的制度。这种责任制组织文化使企业中的每个人都能清晰了解到企业总体情况及明确各自的职责，从而避免了因责任不清晰而产生的混乱。

2. 简明的技术组织结构

苹果公司技术组织管理的核心在于简明的技术组织结构。苹果公司内部没有设立执行委员会，而且只有首席财务官才会有盈亏表，因为对于苹果公司而言，盈亏表不该作为评价其他部门经理工作表现的指标。简明的技术组织结构成就了更易于分享技术创意的环境，有利于公司将精力集中到技术创新中去，从而才能获得更多的技术创新研发成果。

苹果公司巧妙地将新产品、新技术和技术组织管理恰到好处地结合起来，从而开创出辉煌的"苹果时代"。

资料来源：谢祖墀. 苹果的组织创新 [J]. 管理学家，2011（8）.

【案例启示】 从案例中不难发现，技术组织结构的变革及有效管理，不仅能够克服组织结构与新技术不匹配的现象，还能更好地促进技术的开发与管理。过于冗杂的组织结构不利于整个企业的全局性发展。那么技术管理过程中，怎样的组织结构能更好地与技术管理相匹配呢？

本章您将了解到：

- 几种重要的企业组织结构
- 技术组织设计的动因
- 技术组织的主要模式
- 技术组织的管理理念与方式及应遵循的原则

第一节　企业组织结构

没有组织就如同一盘散沙。

——佚名

组织是体现一定社会关系、一定结构形式并且不断从外部汲取资源以实现其目标的集合体，并对组织中的全体员工制定规范、明确职责，并协调工作，以便在实现既定目标的工作中获得最大效率。随着现代工业的发展，企业组织结构也在不断变化。

一、直线型组织结构

直线型组织结构是企业发展历史上最早出现的组织结构形式。在直线型组织中，企业的一切管理工作都由总经理直接指挥和管理，不设专门的职能部门，如图7–1所示。

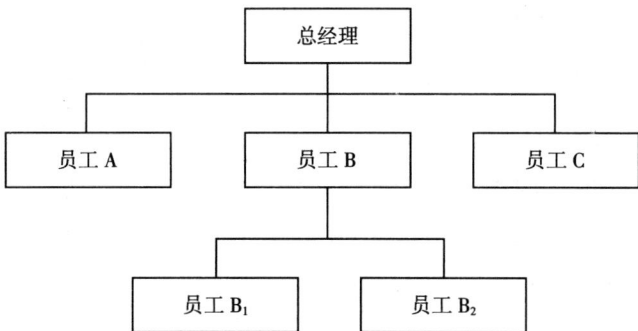

图7–1　直线型组织结构

直线型组织结构适合规模小、产品品种单一和生产经营活动稳定的企业，或者是处于发展早期的企业。直线型组织结构的优缺点如表7–1所示。

表7–1　直线型组织结构的优缺点

优点	缺点
1. 结构简单，便于管理 2. 权力集中，统一指挥，指挥灵活，有利于信息的纵向交流 3. 便于上下级间命令的下达与执行 4. 责任分明 5. 管理费用低 6. 便于纪律与秩序的维护	1. 权力集中于一人身上，由于个人的知识、技能及经验有限，导致管理者难以胜任全部工作事务 2. 管理工作简单粗放 3. 不利于组织间信息的横向交流

二、职能型组织结构

职能型组织结构是企业最基本的组织形式，是指企业按照研发、生产、销售、人事、财务等基本活动要求，分别设立专门的管理部门，如图7–2所示。

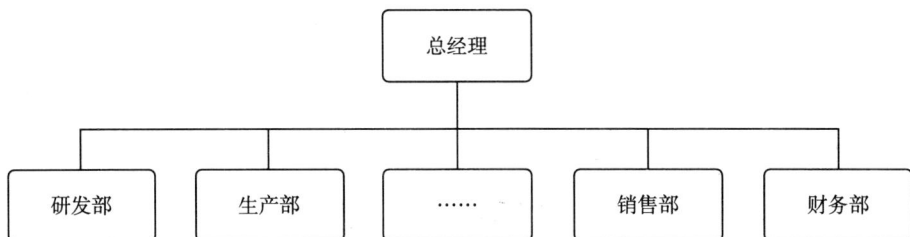

图 7-2　职能型组织结构

职能型组织结构适用于中小规模、生产技术水平不高、产品品种单一、经营环境稳定的企业。职能型组织结构的优缺点如表 7-2 所示。

表 7-2　职能型组织结构的优缺点

优点	缺点
1. 实行专业化管理，发挥职能部门的专业特长，弥补主管领导管理能力的不足，并减轻其工作负担 2. 能够提高企业的组织效率，降低管理费用	1. 易造成多头领导，指挥和命令不统一，难以协调工作的情况 2. 管理混乱，系统协调性不强，下级对上级的反映较慢

三、直线—职能型组织结构

直线—职能型组织结构是一种将直线型组织结构与职能型组织结构结合起来的组织结构形式。直线—职能型组织结构一方面以直线型为基础，设置统一指

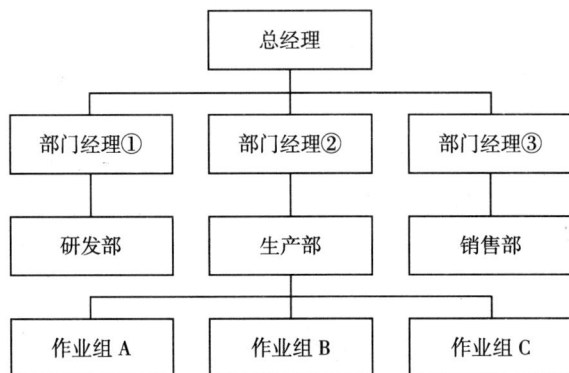

图 7-3　直线—职能型组织结构

挥的主管领导，另一方面在各级主管人员之下设置相对应的职能部门，从事职责范围内的专业工作，从而使主管的统一指挥与职能部门的参谋能够有效地结合起来。

直线—职能型组织结构适用于规模中等的企业。随着企业规模的进一步扩大，将倾向于更多的分权。直线—职能型组织结构的优缺点如表 7-3 所示。

表 7-3　直线—职能型组织结构的优缺点

优点	缺点
1. 既能保持统一指挥，又能发挥人员的作用 2. 职责明确，分工精细，各部门对各自工作高度负责，工作效率较高 3. 有利于纪律与秩序的维护，使组织具有较高的稳定性	1. 部门间缺乏信息的横向沟通，信息传递的路线较长，不利于集思广益提出决策方案 2. 各部门只关心自身利益，各自为政，难以相互协调，易产生冲突 3. 对外界变化反应较慢，适应性较差

四、事业部型组织结构

事业部型组织结构是指按照企业所经营的业务，包括按产品、按地区、按顾客（市场）等来划分部门，设立若干事业部，如图 7-4 所示。事业部在企业最高层管理者领导下，拥有完全的经营自主权，实行独立经营、独立核算。每个事业部独立负责从产品设计、原材料采购直到生产销售的全过程，并自负盈亏。

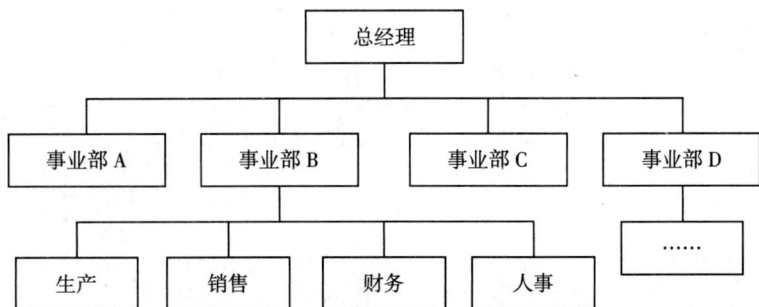

图 7-4　事业部型组织结构

事业部型组织结构适用于规模大、产品品种多样化、生产技术较高、市场覆盖地区广的企业。目前，我国大部分大型企业普遍选择这种组织结构。事业部型组织结构的优缺点如表 7-4 所示。

表 7-4　事业部型组织结构的优缺点

优点	缺点
1. 实现了集权与分权的结合，分散经营，明确权责，高度协调，从而提高工作效率 2. 各事业部独立经营，能够快速地应对外部环境的变化，从而加强产品柔性，适应客户需求 3. 有利于公司不断培养出高级管理人才	1. 内部管理机构重叠，使管理机构过于庞大，从而增加了管理费用 2. 各事业部之间横向联系较少，从而难以相互协调与合作 3. 需要大量高素质的专业人员来管理事业部，管理人员比重较大，而部分管理人员却难以达到管理要求

五、矩阵型组织结构

矩阵型组织结构融合了职能型组织结构和项目型组织结构的优点，并克服了两者的缺点。该结构在职能和项目之间起到了相互联系的作用。在矩阵型组织中，每一位员工拥有两个直接上级，其中一名负责项目实施，另一名负责职能活动，如图 7-5 所示。

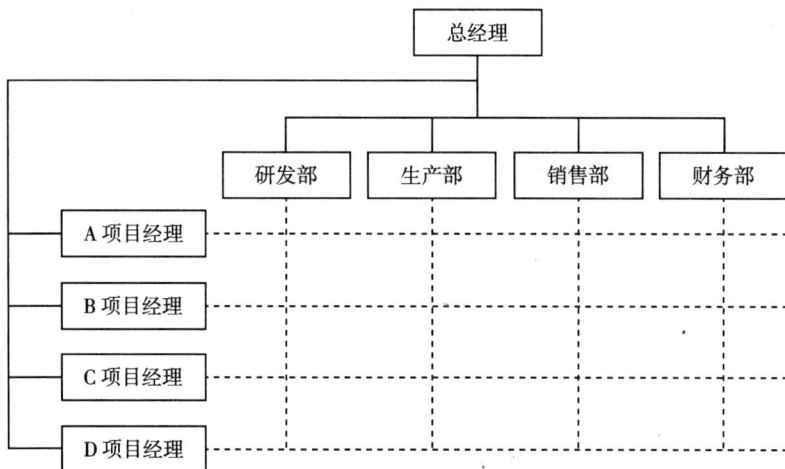

图 7-5　矩阵型组织结构

矩阵型组织结构一般适用于经营环境高度不确定的企业，矩阵型组织结构的优缺点如表7-5所示。

表7-5　矩阵型组织结构的优缺点

优点	缺点
1. 充分利用企业的专业技术人员及专用设备，实现企业内部的资源共享 2. 增强了信息横向交流，促进职能部门间的相互协调 3. 为了完成同一任务，各专业人员设定一个共同目标，共同工作，相互激发，且工作过程灵活，便于复杂项目及复杂问题的快速解决 4. 能够适应不断变化的外部环境	1. 双重领导，双重职权，容易造成员工的工作冲突 2. 员工通常没有一个固定的工作位置，易造成工作积极性不高，推卸责任，管理混乱的现象

第二节　技术组织设计的动因

一等人用组织，二等人用人才。组织设计至关重要。

——佚名

技术创新与组织文化、组织结构上的变化是相关的，它既可以看作是技术创新的结果，也是促进技术创新的实施过程。技术创新通常需要不同的组织环境、不同的组织结构以最大限度地发挥出技术创新的潜能。

一、组织文化的变革

技术创新通常会要求文化进行改变，以与新技术相适应，而文化的改变不是单靠个人就能够实现的。整个组织都应该理解改变的需求，同时须由高层领导者来驱动和引导。

要成功实施新技术，组织文化必须进行相应的改变，而不能仅仅依赖不断地采取新技术的空想。当然，组织文化也不能不断地发生变化，或者在同一时期朝不同的方向变化。理想的组织文化应该是敢于接受新技术、勇于接受失败的，并且可以同时容纳多种新技术。

【拓展阅读】

组织文化变革要素

变革思想——优秀的企业必须是思想上能保持先进性。

变革领导意识——真正优秀的组织领导必须有远见卓识。

变革人才观——好的组织拥有能吸引真正人才的人才观。

变革利润观——利润很重要，但却不是全部。

变革企业文化观——文化不是万能的，但没有文化是万万不能的（来自百度福特的文化变革）。

二、组织结构的调整

组织结构经常需要进行一定的改变，这样才能与新技术的运作过程相适应。在实施新技术之前，应该在类似于旧技术的环境下对新的结构进行一定的试验。

虽然说新技术的成功通常需要调整组织结构，要求组织结构与所需的运作过程相一致，但是不断地调整组织结构也是不切合实际的，而且也不是组织所希望的。组织需要的是一个能够允许不断地进行技术创新的组织结构。项目式结构可能是一种比较适合技术创新的组织结构，其中来自各部门的员工聚集在一起，针对特定的项目协同工作一段时间，项目完成以后就转移到另一个项目中去。

技术创新可以促使组织的变革，但是对于持续的技术创新，组织的变革必须事先准备好。提前提出新技术研究可以发起组织的变革，这样在将来的技术实施中就不需要明显的组织变化了。

【案例7-1】

广东零售企业为适应新技术的改变调整组织结构

目前，大多数广东零售企业基本还在沿用传统的直线——职能型组织结构。在当今瞬息万变的市场竞争环境下，各种新技术层出不穷，这种传统的组织结构已无法适应当前的竞争环境，因而制约了广东零售企业的发展。

新技术的应用对企业组织结构的影响是巨大的。广东零售企业的组织结构要顺应环境变化的需要，从传统的直线——职能型组织结构向现代知识型组织结构转变。广东零售企业的组织重组可以从以下几个方面进行：

（1）组织结构由集权转化为相应的授权；

（2）促进组织结构扁平化；

（3）增加与新技术应用相关的组织建制。

广东本土零售企业要融入世界零售市场，参与全球化竞争，就要使其组织结构与技术发展相适应，从而利用新技术来提高企业的核心竞争力。

资料来源：李双玫，冯冈平. 谈广东零售企业适应新技术应用的组织结构构建[J]. 商场现代化，2005（1）.

第三节　技术组织的主要模式

企业不是一种纯粹的技术建构，而是一种以技术为核心的组织和制度建构；有什么样的技术，就必然需要什么样的组织制度去支持和配合。

——佚名

随着信息技术的飞速发展，特别是计算机技术的广泛应用，加上现代企业组织规模的不断扩大，企业生存的内外部环境、企业工作方式、员工的期望都发生了重大变化。因此，在快速变化的市场环境与技术不断创新的背景之下，良好的技术组织模式是维持企业长盛不衰的一件重要法宝。

一、对传统组织结构进行创新改造的模式

目前，大多数企业使用的传统组织主要有"U"型组织与"M"型组织两种，对这两种传统的组织进行创新改造是企业技术组织变革的主要方式之一。

（一）对"U"型组织的创新改造

1. "U"型组织

"U"型组织是一种高度集权的组织结构模式，"U"型组织结构与本章第一节所提到的前三种组织结构相对应（直线型组织结构、职能型组织结构、直线—职能型组织结构）。"U"型组织的基本结构如图 7-6 所示。

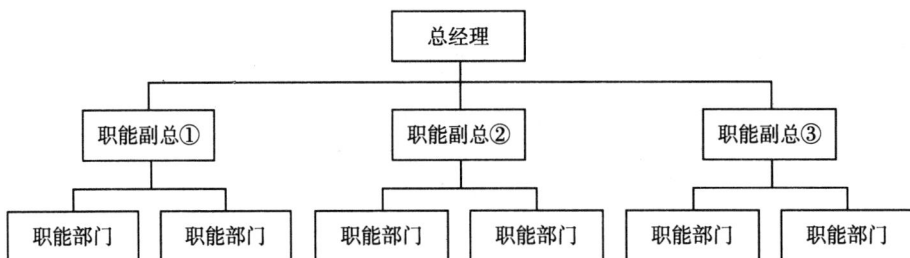

图 7-6 "U"型组织的基本结构

"U"型组织主要有以下特点：

（1）权力集中于最高管理层中。

（2）高层管理者具有很强的执行力。

（3）按职能设立部门，上层部门对下层各个职能部门进行管理和控制。

（4）企业内部信息流动以纵向传递为主。

（5）高层管理者对企业的资源进行统一的配置。

在"U"型组织中，高层管理者最先制定技术创新决策，并逐层开展技术创新活动。然而"U"型组织不利于信息在部门间的横向交流，不利于部门间的相

互协调与合作，而且当产品品种增多，市场环境发生变化时，企业就会精力分散，出现管理混乱等现象，因此传统的"U"型组织会阻碍企业的技术创新，不利于企业的长远发展。

2. 对"U"型组织的改造方法

为了使传统的"U"型组织适应企业的技术创新战略，对"U"型组织进行了相应的改造：

（1）制定总体技术创新战略。

（2）明确各职能部门在各阶段的职责。

（3）成立技术项目组，并任命项目管理者。项目管理者负责整个技术项目的运行，对技术项目进行监督和管理，并将技术项目的进度信息反馈给各部门。

（4）项目管理者要做好各部门的协调工作，促进技术信息的横向传递，提高企业内部管理的灵活性。

（二）对"M"型组织的创新改造

1. "M"型组织

"M"型组织属于事业部制职能组织范畴，与本章第一节的事业部型组织结构相对应，是一种高度分权的组织结构模式。"M"型组织的基本结构如图7-7所示。

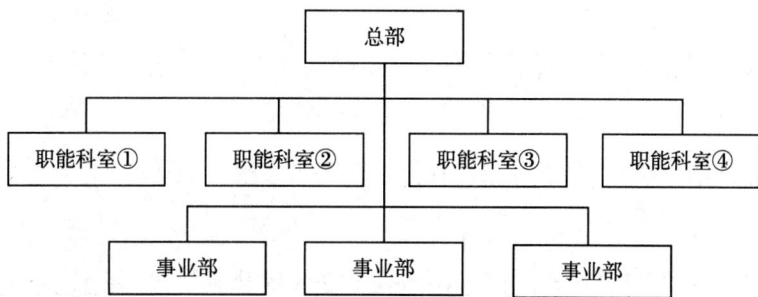

图7-7 "M"型组织的基本结构

"M"型组织主要有以下特点：

（1）根据产品、服务、区域、客户等维度设立分部。

（2）各分部专业性强，且权责分明。

（3）各分部独立经营，运作灵活，有利于调动员工工作积极性。

（4）能够快速对外界变化作出反应。

在"M"型组织中，信息横向传递速度快，有利于员工集思广益，推动技术创新，培养技术人才。然而"M"型组织一定程度上削弱了管理层的控制作用，从而容易导致整体失控，各自为政的问题。

2. 对"M"型组织的改造方法

为了使传统的"M"型组织适应企业的技术创新战略，对"M"型组织进行了相应的改造：

（1）制定总体技术创新战略。

（2）根据技术创新战略，分别在总部及分部开展技术创新活动。

（3）总部主要负责重大技术项目的开发，而分部则致力于推动技术产品的商业化进程，对技术产品进行试制、试销、销售、推广等工作。

（4）总部对分部实行统一指挥，统一配置资源。

二、矩阵组织模式

在大多数情况下，企业进行技术创新是以项目组的形式进行，而矩阵组织模式是专门面向项目的组织结构，所以矩阵组织模式比较适合企业进行技术创新活动。矩阵组织模式是一种将职能和项目交叉组织起来的组织形式，如第一节中图 7-5 所示。

企业需要注意的是，矩阵组织模式是职能型组织和项目型组织结合的特例，一个优秀的企业应该根据自身的优劣势和外部环境做出及时的调整。当企业面临的市场压力比较大时，创新速度是企业获得竞争优势的关键，企业应该将矩阵组织模式转向项目型为主的组织结构，实行强矩阵管理。此时，项目经理的权限比较大，而职能经理的权限比较小。当企业面临的市场压力比较小，处于平稳发展阶段时，企业可以考虑将矩阵组织模式转为职能型组织结构，实行弱矩阵管理。此时，职能经理的权限比较大，而项目经理的权限比较小。

【拓展阅读】

矩阵型组织模式适用范围

矩阵组织模式通常适用于一些高度复杂的、临时性的、涉及多领域的重大项目或工作任务。矩阵组织模式目前在各技术研究机构、教育机构、技术型企业等得到广泛的应用。

三、事业部创新模式

事业部创新模式是指在企业的传统事业部基础上创立新型的事业部，以支持企业的技术创新活动。目前，企业的新型事业部主要有两种，即新产品部及新事业部。

（一）新产品部

新产品部是一个专注于产品创新的部门，其具体的职责是不断进行新产品的设计、开发及生产工作。当新产品已经成熟且完成商业化进程时，新产品部就会将该产品转交给企业其他的事业部，进而投入另一新产品的设计、开发及生产中。在企业内部创立新组织，持续进行新产品开发工作需要很大的投入，因此新产品部适用于具有大量新产品开发任务的大型企业。

新产品部的优缺点如表 7-6 所示。

表 7-6　新产品部的优缺点

优点	缺点
1. 部门职责明确 2. 有利于集中资源进行产品创新活动，推动企业的技术创新	1. 创建新组织需要大量资金及资源的投入 2. 容易造成资源浪费的情况

（二）新事业部

新事业部的工作与新产品部相似，它致力于在企业内部推行技术创新活动，这些技术创新活动主要包括技术产品创新、技术服务创新、工艺创新、市场创新等。与新产品部不同的是，新事业部开发的是企业过去从未经营过的创新事业，且待创新事业发展成熟后，新事业部不会将其移交给其他部门，而是对其进行继续经营，使创新事业不断发展壮大。

新事业部的优缺点如表7-7所示。

表7-7　新事业部的优缺点

优点	缺点
1. 具有一定的灵活性及独立性 2. 有利于企业开展技术创新活动	1. 可利用的资源十分有限 2. 使企业承担较大的风险

四、内企业模式

在企业的激励下，企业员工会提出不同的技术创意，对于具有可行性的技术创意，企业会对其投入一定的资源，并将技术创意发展成为技术项目，技术项目再进一步发展，最终成为一个能够独立运作的小型企业。内企业就是这样一种由企业内部的技术创意逐渐成长起来的小企业。内企业是激励企业内部创新的一种组织形式，它隶属于本企业，而且与本企业内的事业部相比，具有更大的独立性和自主性，从而激发员工的创新积极性，为企业注入创新的血液。

内企业模式的优缺点如表7-8所示。

表7-8　内企业模式的优缺点

优点	缺点
1. 突破企业原有条条框框的限制，充分调动企业员工创新的积极性 2. 企业与员工共同承担创业风险，且对技术项目提供资助，从而提高内部创业的成功概率 3. 通过内部创新，提高企业的技术能力，为企业获取技术优势 4. 技术项目通过上市或转让，实现资本增值，为企业带来经济收益	内企业通常是随机出现的，而且容易与当前企业的技术战略及管理方式产生冲突，具有一定的管理难度

【案例 7-2】

柯达的内部创新

柯达一直致力于发展企业内部创新。柯达支持员工提出创新提议。提出独到的创新提议的员工可以从企业的新业务开发部获得高达 2.5 万美元的资助。公司随即对该创新提议进行评价，若该创意设想可行，提议人就可获得高达 7.5 万美元的项目资助，并要求利用资金组建项目小组，撰写项目规划书，开发产品模型。如果进展顺利，项目小组就能启动其创业项目。柯达为创意项目提供高达 25 万美元的资金支持。项目小组的创意项目从属于柯达技术公司（KTI）。KTI 此时扮演控股公司和风险投资公司的双重角色。如果项目运转顺利，几年后，创业项目可以通过公开上市和转让，实现资本增值。

资料来源：谢杨林.内部创业：激活企业原始动力 [EB/OL].新浪网，2006-04-15.

五、技术创新小组模式

通常企业的技术组织模式可分为两大类，一类是在原有组织的基础上进行技术创新，另一类是创建新的技术组织。在原有的"U"型组织或"M"型组织的基础上推行技术创新活动，尽管成本较低，但传统的组织结构往往不能适应当前技术创新的要求，使企业的技术发展受到种种制约；创建新的技术组织，如新产品部、新事业部、内企业等，尽管有利于技术创新，但需要投入大量资源，且成本较高，大部分中小型企业难以达到这样的要求。

为了平衡这两种情况，技术创新小组应运而生。技术创新小组结合了这两者的优势，不改变现有组织结构的同时，致力于发展技术创新活动，充分满足企业技术创新的要求。

技术创新小组的特点主要有：

（1）技术创新小组根据某一技术项目而组建，使创新活动具有弹性及灵活性。由于技术创新活动具有一定的不确定性及风险性，企业在管理时不能顾此失彼，把大量的人员、资金、设备投入技术创新活动中，而忽略了企业原有的业务，这样只会让企业得不偿失。技术创新小组采取非固定的人员编制，使技术创新活动具有灵活性，保证了技术项目的张弛有度，平衡了企业各业务的运行。

（2）技术创新小组的成员来自企业的各部门及各领域，且都具有丰富的技术知识及操作经验，从而形成了互补优势，并通过成员间的相互协作，不断提高企业技术创新活动的效率，提升企业的创新能力。

（3）技术创新小组成员之间保持着一种相互协作的关系，且都具有一定的资源配置及决策协调的权力，共同参与技术项目决策的制定，从而有利于成员自我价值的实现，并不断加强认同感和责任感，从而激发创新的积极性。

技术创新小组模式的优缺点如表 7-9 所示。

表 7-9　技术创新小组模式的优缺点

优点	缺点
1. 使企业技术创新活动具有灵活性 2. 技术创新小组的成员都参与技术创新的全过程，有利于技术知识的整合 3. 技术创新小组成员同时也隶属于其他部门，从而有利于与其他部门进行信息的交流与合作	1. 技术创新小组不是固定的，人员根据技术项目而相应地变动，从而加大了管理的难度 2. 当技术项目完成以后，技术创新小组就会随之解散，不利于技术知识及项目经验的积累与传承

六、新兴技术组织模式

新兴技术是在不同学科基础上发展起来的高新技术，新兴技术基本上都是最近出现或正在发展，且能够对产业结构产生重要的影响，甚至能改变一个老行业或创造一个新行业。新兴技术不同于其他技术，它具有高度不确定性及复杂性，因此传统的组织结构远不能达到新兴技术的发展要求。在此种情况下，新兴技术组织模式应运而生。新兴技术组织模式主要有六种，即虚拟组织、网络组织、孵化组织、前后组织、试探—回应组织、左右逢源组织，[①] 如图 7-8 所示。

---

① 银路，王敏. 新兴技术管理导论 [M]. 北京：科学出版社，2011.

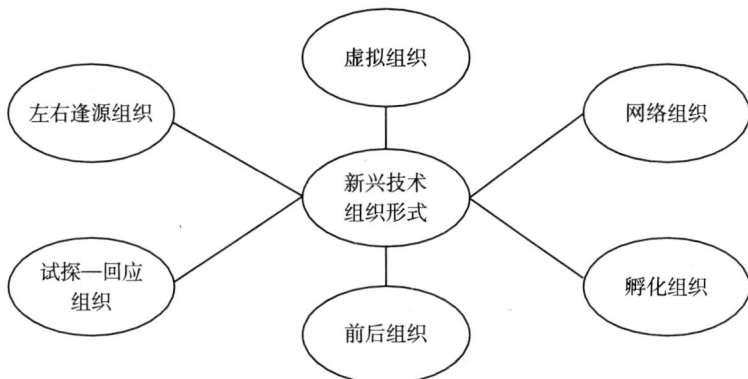

图 7-8　新兴技术组织形式

（一）虚拟组织

虚拟组织是指没有固定的实体组织，而是利用网络技术将地理位置分散的员工、客户、供应商、制造商等统一起来的组织结构。

（二）网络组织

网络组织是指利用信息技术，将不同组织结合起来进行技术研发、产品生产、销售等业务的动态组织。

【案例 7-3】

思科公司的网络型组织结构

思科公司是一家生产网上路由器的高科技公司。思科公司采用网络型组织结构，从而通过互联网技术，改造公司整体运营体制，并获得了成功。

思科公司的网络组织结构系统主要分为三层：第一层是电子商务；第二层是虚拟生产和结账；第三层是电子学习。基于这三层结构系统，思科公司的供应商与合作伙伴的内联网通过互联网与思科公司的内联网相连。当客户的订单下达到思科公司网站时，网络系统会自动把订单传送到相应的组装商手中，从而使订单下达不久，设备差不多就组装完毕。

思科公司通过充分利用网络技术，建立网络型组织结构，解决了传统的企业管理幅度和管理层次的矛盾，从而获得了巨大的收益。

资料来源：http://baike.baidu.com/view/1490442.htm.

（三）孵化组织

孵化组织是指企业为适应新的经营方针而创建的新组织。孵化组织的职责是根据企业的新经营方针去孵化具有发展潜力的新技术，从而不断促进企业的技术创新，加强企业的经营能力。

（四）前后组织

前后组织根据企业的业务将组织分为前方和后方，前方主要负责集中资源服务客户，而后方主要承担技术开发、生产制造的工作，并服务于前方。

（五）试探—回应组织

试探—回应组织是一个对市场保持高度关注的组织。试探—回应组织能够识别新兴客户的市场需求，并迅速地对市场变化作出反应。

（六）左右逢源组织

左右逢源组织是一种兼顾原有业务以及新兴技术业务的组织结构，这种组织结构不仅能够改进原有的技术，而且能够为企业寻求新的技术突破，实现企业的"新老技术两手抓"。

第四节　技术组织的管理

技术创新的效率与技术组织的管理密切相关。

——佚名

一、技术组织的管理理念与方式

理念的转变是应用与推广先进技术的第一步，特别是高层领导者理念的转变。一种先进技术的运用，折射了全新的管理思想与生存哲理。理念转变需要做到以下几个方面（见图 7–9）。

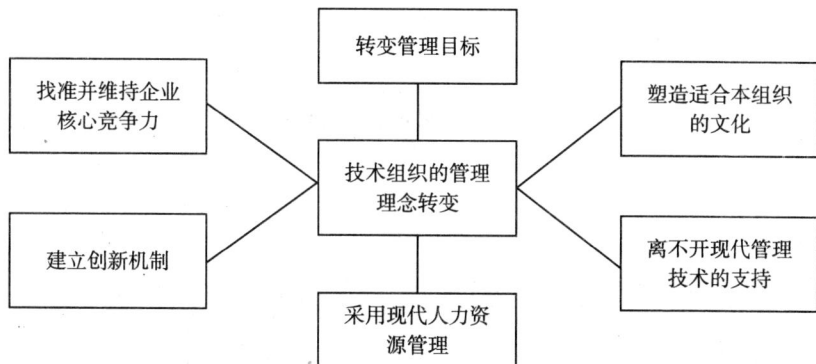

图 7–9　技术组织的管理理念转变

（一）转变管理目标

中国特色的社会文化背景决定了中国企业的管理目标。以往的管理目标是企业实现自身利益的最大化。本书提出了企业价值最大化的概念：企业既是一个经济实体，又是一个社会实体。特别是在 21 世纪的今天，企业之间的竞争更多地表现为供应链之间的竞争，因此，企业应该及时摒弃传统管理理念，同时树立集成供应链的思想，在实现企业目标的同时，也要确保利益集团目标的实现，并通过提供就业等方式积极主动地履行社会责任，回报社会，改善企业形象，达到企业价值的最大化。

（二）塑造适合本组织的文化

知识经济时代呼吁新的价值观及企业文化，寻求共性与个性的有机统一。面对 21 世纪白热化的市场竞争，企业管理者的决策既要重视技术开发的效率、成本，同时更应综合考虑，塑造适合本组织的企业文化。组织只有具有了全体员工共同认可的理念或精神，组织成员才可能自觉地为实现企业的目标而协调合作。

【拓展阅读】

组织文化建设遵循原则

（1）系统性原则。

（2）实效性原则。

（3）以人为本原则。

（4）坚持与时俱进原则。

【案例7-4】

一个靠文化闻名世界的小鱼摊

派克鱼市公司是美国一个著名的鱼市场。派克鱼市公司的前身是一个位于西雅图市的小鱼摊，其创始人——约翰·横山为了把生意发展扩大，便转向了渔业批发领域，并聘请了一位咨询师为其提供改善企业的建议。该咨询师建议约翰为公司的员工设立了一个远大的目标，以此激励员工。于是，约翰把公司的目标设定为——成为举世闻名的企业。

约翰·横山每隔一周就会与全体员工见一次面，一起共进晚餐，一起充分讨论"我们的目标"和怎样达到它，并让员工给出他们的见解、建议。这样的方式让公司的全体人员都一致坚定了他们的奋斗目标，并为这个目标共同努力。

如今派克鱼市公司成为了西雅图具有代表性的鱼市，许多到美国西雅图旅游的人都会到派克鱼市公司参观。通过组织文化的塑造，派克鱼市公司获得了巨大的成功，实现了成为举世闻名的企业的目标。

资料来源：刘光明.企业文化案例［M］.北京：经济管理出版社，2003.

（三）离不开现代管理技术的支持

管理技术的高低，一方面直接体现了先进技术的水平高低；另一方面决定了对先进技术的辅助度。现代管理技术从以往的将制造过程看作是材料、设备、工具和操作人员的随机组合演进成集劳动流、资金流、物质流、信息流、能量流为一体的系统工程，这就需要树立基于市场与效益的整体理念，优化配置、整合各种资源。

（四）采用现代人力资源管理

现代人力资源管理突出强调以人为本，并认为人力资源资本属于企业最有生机和活力的资本资源，强调尊重人的价值，规划好员工的职业生涯，努力将员工的个人价值与企业的价值统一起来。先进技术不仅要求要有合理的人员组织结构，同时它需要高知识、高技能的复合型人才。现代人力资源管理克服了传统管理的不足，重视对人员的培训及组织安排。

（五）建立创新机制

先进技术中的"先进"实质上就是所谓的创新，可见先进技术不是横空出世的，而是在创新机制中逐渐形成的。制度创新在企业运作过程中居于基础位置，企业只有建立完备的现代企业制度，才能够真正地建立起良好的技术创新机制。组织创新是企业技术创新的保障。管理方式的创新则为技术创新提供了宽松的创新氛围，同时能更好地激励创新活动。

（六）找准并维持企业核心竞争力

核心竞争力是组织技能、价值观及技术技巧等方面有机集成的结晶，概言之就是"人无我有，人有我优"。企业的强大并不在于其规模的大小，而在于是否拥有显著的核心竞争力。只有拥有核心竞争力的企业才能拥有活跃的生命力，经风沐雨依然屹立不倒。

【拓展阅读】

企业的核心竞争力

核心竞争力具有价值性、稀缺性、差异性、不可复制性、不可替代性等特点。从核心竞争力的特点不难发现，核心竞争力对企业至关重要。它是开发企业持续竞争优势的强大后盾和基础。核心竞争力是企业在长期经营过程中慢慢地形成的，一旦企业明确并发展出一套独有的、强大的核心竞争力并且又和外部环境相适应时，企业就培育出了自己的生命线，其竞争优势也就能凸显出来。如英特尔掌握独有的芯片技术，海尔具有独特的经营观念和服务理念，可口可乐开发出独特的配方等。

【案例7-5】

创新管理永葆企业青春——德国西门子公司核心竞争力

西门子公司是世界十大电气电子生产企业之一。创新是西门子的核心价值观。西门子公司认为，创新是公司的命脉，技术是发展企业的手段，企业要想在激烈的市场竞争中获得一席之地，就应不断坚持进行技术创新和组织管理创新，以技术来维持企业的核心竞争力。

为了确保在新技术产业中牢牢占据主动地位，西门子公司把人工智能、核聚变、空间技术、超高速列车、太阳能利用、光通信技术等课题作为科研攻关重点，力争尽快取得新的突破。西门子公司还在柏林、爱尔兰和慕尼黑设有大规模的研究开发中心，其每年的科研经费开支占公司经营总额的10%以上，占德国电气工业全部科研经费的1/3左右，从而保证了在新科技领域的领先地位。

资料来源：包晓闻，刘昆山.企业核心竞争力经典案例(欧盟篇)[M].北京：经济管理出版社，2005.

二、选择技术组织模式所应遵循的原则

选择技术组织模式所应遵循的原则如图 7-10 所示。

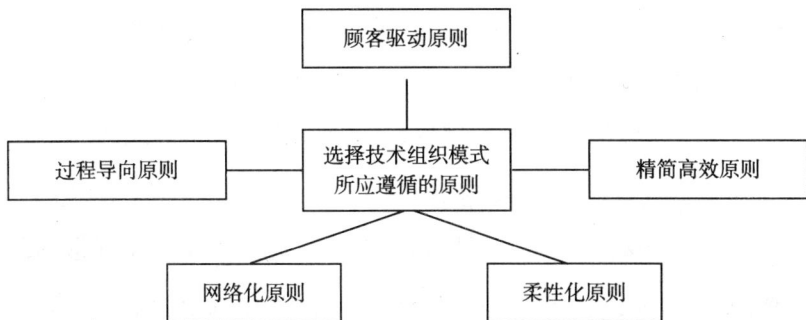

图 7-10　选择技术组织模式所应遵循的原则

(一) 顾客驱动原则

尽可能地满足顾客需求和顾客满意最大化两个目标驱使着企业不断地引进先进技术，提高核心竞争力。引入先进技术的企业并非仅仅机械地把顾客需求放到新产品研发中，而是把满足顾客需求作为企业所有其他活动的出发点，这是和传统企业很不一样的。生产出顾客满意的产品离不开三个基本要素：人、技术与组织。三者共同作用，相互影响，并且它们之间的有效性集成和整合是提高顾客满意效果的根基。

(二) 精简高效原则

先进技术的先进性主要体现在：通过对技术的全面科学管理来消除生产过程中的无效劳动环节，以最少的投入获得最大的产出，并且为顾客提供日臻完善的产品。一方面，先进技术的实施要求构建起与之相适应的精简高效的组织管理模式；另一方面它又可以为组织精简提供必要的前提条件。

(三) 柔性化原则

引进先进技术的企业，其生产系统通常具有高度的柔性和灵活性，这样就能以市场变化和顾客需求为导向，及时调整产品或服务的种类及投入规模，从而获得竞争优势。但是这种竞争优势的发挥不是孤立的，它要求企业组织要以柔性的

管理模式为后盾。也就是说，企业一定要摒弃以往等级森严的组织结构模式，同时建立起动态的、柔性的管理模式，提高对多变的环境的适应能力。

(四) 网络化原则

随着全球化、信息化的深入发展，企业要想长期维持其竞争优势，就需要将其组织形式向网络化、集成化方向延伸和发展，但是这并不意味着网络组织就完全替代了传统的层级组织结构。

网络组织是由众多具有很大独立性的小规模经营单元构成的，这些小单元如同蜂窝结构一样，相互之间有着紧密纵横联系的网络，具有较大的灵活性以及快速反应能力。各经营单元在经济、经营方面有自主权，并且它们可以借助良好的信息技术进行沟通，这样基层公司的权责明显会加强，监督层会减少，有利于充分激发基层人员的工作积极性及创造性。所以，网络组织以扁平结构取代了等级森严的传统结构，有利于提升决策层与顾客的沟通效率和效果，从而在成本、质量、服务与速度等关键绩效指标上获得明显的改善。

(五) 过程导向原则

传统的组织设计理论以专业分工为基础，以部门或者职能来开展管理工作，这种设计方式可能获得局部的高效率，但是由于忽视了各个部门间的有效衔接和配合，其最终的整体效率是偏低的，总体效益也是不理想的。

引进先进技术的企业突出强调组织对环境的应变能力，这就要求企业管理要从职能管理转向过程管理。区别于传统组织管理，过程管理强调整体性、系统性、灵活性、集成性。企业作为系统，应该是一个完整的、各部分协调运行的"整合性系统"，而不是一个各子部分零散的各行其是的"隔裂性系统"。

本章小结

任何一个企业中都存在组织，企业高效的组织管理能够节约组织成本，提高组织效益。目前企业常用的组织结构主要有直线型组织结构、职能型组织结构、直线—职能型组织结构、事业部型组织结构、矩阵型组织结构，每种组织结构都有自己的优缺点及适用的范围。

为了最大限度地发挥技术创新的潜能，企业需要根据实际情况，对其技术组织进行设计。技术组织设计的动因主要有组织文化的变革以及组织结构的调整。

在快速变化的市场环境与技术不断创新的背景之下，良好的技术组织模式是维持企业长盛不衰的一件重要法宝。技术组织的主要模式包括：对传统组织结构进行创新改造的模式、矩阵组织模式、事业部创新模式、内企业模式、技术创新小组模式、新兴技术组织模式。

理念的转变是应用与推广先进技术的第一步，也是技术组织管理的基础。理念转变需要做到几个方面：转变管理目标、塑造适合本组织的文化、离不开现代管理技术的支持、采用现代人力资源管理、建立创新机制、找准并维持企业的核心竞争力。选择技术组织模式所应遵循的原则主要有：顾客驱动原则、精简高效原则、柔性化原则、网络化原则、过程导向原则。

总之，技术组织管理有利于提高企业效率，使企业的组织结构能更好地适应技术环境的不断变化，从而实现技术的增值。

第八章　技术能力与战略

Ford 公司技术战略与战略联盟

Ford 公司是美国著名的汽车生产企业。Ford 公司每年投向技术能力研究与开发的费用高达 70 亿美元，且各种技术专利达 5000 多项。然而，科学技术的不断更新换代使得汽车市场的竞争变得前所未有的激烈，并不断加大了技术自主研发的风险，对此，Ford 公司决定采取技术联盟的方式来应对风险。

为了顺应发展绿色清洁能源的趋势，Ford 公司与布拉德能源公司（Ballard Power Systems）以及戴姆勒—克莱斯勒公司（Daimler Chrysler）结成了技术创新战略联盟，共同合作研发清洁燃烧系统的技术，并且每年对此投资高达 4.2 亿美元。

同时，网络技术的发展，让 Ford 公司看到了巨大的商机。Ford 公司与通用（General Motors）、戴姆勒—克莱斯勒公司（Daimler Chrysler）、尼桑（Nissan）等公司共同合作，建立了全球定位的电子商务系统（B2B）。

Ford 公司利用与其他企业合作以及组建技术能力创新战略联盟等方式来应对不断变化的市场经济环境以及日益先进的技术发展，从而取得了技术战略优势，并且获得了成功。

资料来源：李云娥，丁娟. 美国企业技术创新战略联盟的发展及案例分析 [J]. 生产力研究，2007（23）.

【案例启示】纵观当今的市场，企业要想充分利用其技术能力和技术资源，就必须制定合理的技术战略，并且不断进行技术革新。然而，随着技术研究与开发的大规模发展，研发成本日益上升，技术开发的风险性也越来越高，单个企业难以承担这些成本和风险。然而通过企业间的相互合作，建立技术战略联盟，就能够在一定程度上克服单个企业技术研发的困难，并且利于技术资源的优化配置以及企业技术能力的不断提高，最终从中获取技术和知识。

本章您将了解到：

● 技术能力的内涵及技术资源操作的五个环节

● 技术战略的内涵、特征、主要任务及作用

● 技术战略制定的决定因素

● 技术战略联盟的典型模式

第一节　技术能力概述

技术可以购买，但是技术能力是买不来的，企业必须拥有其核心的技术能力才能得以长足发展。

——陈清泰

一、技术能力的内涵

在不同的环境背景下，技术能力具有不同的含义。一般认为，技术能力是企业为支持技术创新，获取竞争优势，而对技术进行获取、吸收、掌握、运用、复制、积累、创新的能力。技术能力具有以下三个特点：

（1）技术能力本质上是一种企业内部技术资源的存量，它反映企业现有的及

潜在的技术方面的能力。

（2）技术能力的载体是企业的员工、信息、资料、设备、组织等。

（3）不同企业的技术能力表现形式是不一样的，发达企业的技术能力表现为一种技术创新的能力，而中小企业的技术能力表现为对技术的引进、吸收及二次创新。

在理解技术能力的内涵时，应把技术看作是一种技术资源。企业通过对技术资源进行获取、理解、学习、应用、积累、创新等操作，能够提高企业内在的技术潜力和实力，并为企业创造经济效益。

本节主要对技术资源进行深入分析，从而揭示技术能力的本质。

【案例8-1】

技术能力造就核心竞争力——格力公司

格力电器是我国空调生产领域中的佼佼者。格力一直坚持推行技术能力的创新，从而获得了巨大的竞争优势。

（1）格力通过调配技术资源，走专业化的创新之路。格力坚持专业化空调生产的路线，并集中各项资源，专注于研发先进的空调生产技术。

（2）格力通过技术能力创新取得技术优势。格力公司高度重视技术创新，并每年投入3000万~5000万元资金以支持新技术的研发。坚持不懈的技术能力创新使格力取得了巨大的技术优势。

（3）格力以客户为导向，创新市场。长期以来，格力公司十分关注客户的需求，坚持以客户为导向，开发新技术与新产品。例如，格力根据中国大城市住房特点，开发出效用灯箱柜机，这一产品受到广大消费者的欢迎，并被消费者誉为"家庭中央空调"。

技术能力创新使格力获得了核心技术能力，从而不断增强竞争力水平，保证了企业的长足发展。

资料来源：http://www.Chinasqbg.com.

二、技术资源

技术资源是企业的一种特殊资源，它由两部分内容组成，即技术硬件资源和技术软件资源，其中，技术硬件资源是企业进行开发、生产及解决技术问题而使用的各种硬件设施，如研发仪器、生产工具、传输装置、机械设备等；技术软件资源是企业在进行技术研发及生产制造过程中所使用的一系列技术资料、信息、知识、经验、操作、技能、技巧等。

企业技术能力的发展在一定程度上取决于企业所拥有的技术资源的数量。企业内部技术资源的数量统称为知识存量，一般来说，知识存量具有以下四个方面的特征：

（1）动态增长性。知识存量的积累表现为一种具有路径依赖的动态增长过程。

（2）难表述性和可表述性。知识存量的一个重要特性还表现在它是由相对独立的难以表述的部分和可表述的部分所组成。

（3）独占性与非独占性。根据对组织内部其他资源的依赖性程度不同，知识存量可分为独占性知识和非独占性知识。

（4）格式化特性。知识存量在组织中是以相应的"格式"组织起来的。

三、技术资源的操作

技术能力可以看作是对技术资源的操作和学习过程。技术资源的操作可分为两个部分：一是组织对技术软件资源的操作；二是组织对技术硬件资源的操作。

技术资源的操作主要有五个环节，即知识的获取、知识的格式转换、知识的存储、知识的激活以及知识的合成，[①] 如图8–1所示。

---

① 赵钢，郭斌. 技术、技术资源与技术能力 [J]. 自然辩证法通讯，1997（5）.

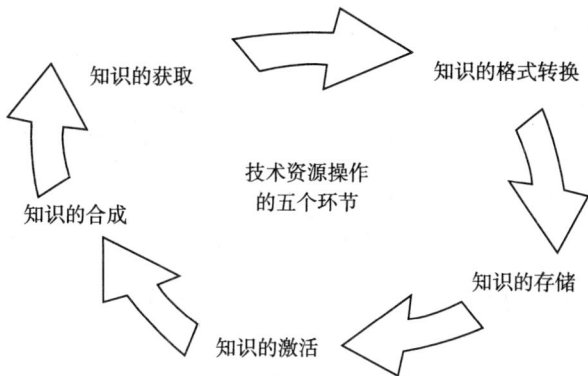

知识的获取

知识的格式转换

技术资源操作
的五个环节

知识的合成

知识的存储

知识的激活

图 8-1　技术资源操作的五个环节

（一）知识的获取

组织通过两个来源获取知识：一是组织内部的生产制造与技术研究；二是组织外部的研究机构和高等院校等。组织为了获取知识，需要对知识进行搜寻，即通过一定途径检索所需要的知识，但是搜寻活动需要耗费企业资源。由于企业资源是有限的，为了提高企业资源的有效利用，组织必须对获取的知识进行筛选。

（二）知识的格式转换

任何组织都有其特有的知识格式，企业在引入新知识时，需要对新知识进行格式转换，以便使新知识可以和企业原有知识相兼容。如果新知识没有进行格式转换，企业很难整合新知识和原有知识，也很难发挥新知识的效用，甚至可能会妨碍原有知识发挥效用。知识的格式转换是技术资源操作活动的重要环节，通过知识的格式转换，组织可以获得后发优势。

（三）知识的存储

若在组织内部不采取相应的措施对知识进行存储，知识就会随着时间的推移而一点一点地流失。为了保存知识，促进知识的增长，就需要对知识进行存储。知识的存储需要消耗一定量的组织资源，从而使知识在存储过程中不断得到深化，以便于企业能够随时调用知识。知识不论是来自组织外部，还是来自组织内部，都会存在一个有效性提高的过程。因此，组织要求知识存储是一个动态增长的过程，而不是一个静态消耗的过程。

（四）知识的激活

组织必须把内部知识变为激活状态，才能发挥知识的实际效用。若企业只是单纯地存储知识，不对知识进行激活，这些知识存储得再多也不能投入到实际应用中，不能为企业产生价值，反而浪费了企业的资源，因此知识的激活是技术资源操作中的一个重要环节。知识的激活一般要借助于组织和个体的学习过程才能实现，因此，组织应创造一个良好的学习氛围，促进知识的激活。

（五）知识的合成

技术资源操作的最终目标是使组织实现技术资源的持续增长，提高组织内部的知识存量。一般来讲，只有来自组织内部的知识才能保持技术资源的持续增长，而来自组织外部的知识只能暂时促进技术资源的增长。有学者提出利用"知识矢量"来描述知识的积累与增长过程。

【拓展阅读】

新知识的来源

新知识来源于知识矢量的合成，由于知识矢量既可能来源于组织外部，又可能来源于组织内部，所以新知识的形成有三种情况：一是组织内部知识矢量的合成；二是组织外部知识矢量的合成；三是组织内外部知识矢量的合成。无论是哪一种情况，只要在组织内部形成了新知识，都可以实现技术资源的增长。

【案例 8-2】
海尔的技术资源转化为技术能力

海尔是我国著名的电器生产企业。在成立之初，海尔缺乏技术能力，使其发展遇到了种种障碍。在此种情况下，海尔不断致力于能力建设，从而走出了困境，并逐渐发展成为我国家电行业的领先者。

一开始，海尔将自身定位为专业化生产企业，只专注于生产电冰箱，使其电冰箱品牌深入人心。随着生产技术的不断提高，海尔开始扩展其产品品种，生产各种白色家电，如洗衣机、热水器、微波炉等，从而获取更大的市场份额，积累了丰富的技术资源。

随着企业逐渐变得强大，海尔开始重视技术创新，并不断将其技术资源转化为强大的技术能力。2006 年，海尔集团建立了国内首家"数字化家电重点实验室"，2008 年，海尔又建立了"海尔数字家庭网络国家工程实验室"，从而不断投入到数字化技术的研发当中，并不断获得核心能力。

海尔的案例让我们深刻认识到：企业最重要的是能利用多少技术资源，而不仅仅是拥有多少技术资源。企业要具备将各种技术资源转化为自己所用的能力，并且不断提高企业的技术能力，从而提高企业的核心竞争力。

资料来源：吴贵生，王毅. 技术创新管理［M］. 北京：清华大学出版社，2001.

第二节 技术战略概述

技术战略的目的是提高企业的技术能力价值，进而增强企业的核心竞争力。

——佚名

一、技术战略的内涵

在激烈的市场竞争中，为了取得优势，企业通常会通过不断开发新产品去占领市场。然而盲目地追求新产品，缺乏明确的技术战略作为指导，很容易导致企业的技术资源及技术能力与经营目标发生冲突，最终将不得不面临失败。

在当今技术全球化浪潮的推动下，技术不仅是企业的一项资源，而且还是影响企业的总体战略及经营战略的重要因素。技术决定了企业的竞争能力，在经营过程中，企业应该将技术与总体战略相结合，制定合适的技术战略，指导技术创新活动，从而提升企业的市场竞争优势。

技术战略是企业的一种重要的战略资源。一般来说，企业在技术战略的指导下，通过对技术资源及技术能力进行获取、运用及累积，从而有力地支持企业的全局性决策，并有效地提高技术的应用价值，增强企业的市场竞争优势。技术战略不仅仅是关于技术研发和技术引进的决策，还包括了技术资源的投入和技术能力的配置，因此技术资源是企业进行决策时必须考虑的战略要素之一。

技术战略和生产战略、采购战略、人力资源战略、财务战略、市场营销战略等经营战略一样，是企业总体战略的重要组成部分。技术战略的制定必须要与企业总体战略保持高度一致。企业总体战略为技术战略提出了一个具体的目标，并指明了技术发展的方向，而技术战略则致力于如何实现企业的总体目标，为总体战略的实现提供技术支持。技术战略在总体战略中具有重要的地位，有时候甚至是企业总体战略的核心所在，因此企业总体战略的制定不能忽视技术战略，且企业其他的经营战略也必须与技术战略相适应，并维持相互协作的关系。技术战略、总体战略与其他经营战略的关系如图 8-2 所示。

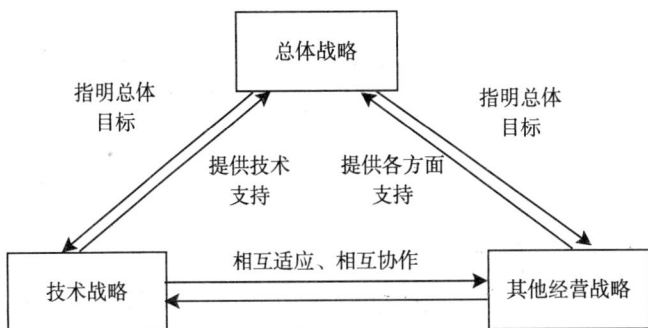

图 8-2 技术战略、总体战略与其他经营战略的关系

二、技术战略的特征

技术战略的特征如图 8-3 所示。

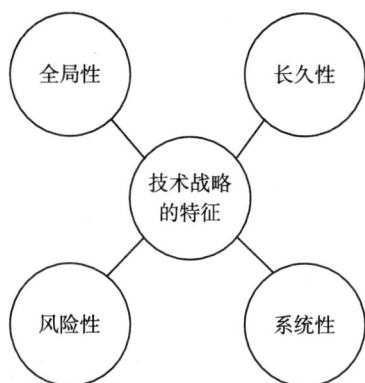

图 8-3 技术战略的特征

（一）全局性

技术战略是全局性的经营战略，技术战略的选择和实施对整个企业的全局发展具有重大的影响，并关系到企业的整体利益。因此，企业制定技术战略时，首先要考虑该技术战略能否符合企业的整体利益，能否帮助企业实现全局最优的状态。

（二）长久性

技术战略是一项长久性的战略，它能够对企业的长期效益产生影响，因此企业制定技术战略时，应该具有长远目光，关注技术战略决策能否为企业带来长期收益，能否提高企业的可持续发展能力。

（三）系统性

将企业总体战略看作是一个动态系统，则技术战略、生产战略、采购战略、财务战略、市场营销战略等是这个动态系统中的一个个子系统。这些子系统相互作用、相互协作，共同促进总体战略的运行。同样地，技术战略也是一个动态系统，通过技术资源的投入和调配，各部门相互分工协作，在技术开发、产品生产、销售各环节发挥协同作用，以保证技术创新活动与技术战略相一致。

（四）风险性

由于技术的市场需求及应用具有不确定性，从而使技术战略实施的结果与预期相比可能会产生偏差甚至损失，可见技术战略具有风险性。

三、技术战略的主要任务

（一）分析企业内部技术资源及外部技术环境

企业要进行技术战略决策，首先就要做到"知己知彼"。"知己"是指企业通过对内部的技术资源和技术能力进行分析和评估，明确自身的技术优势和技术劣势，从而通过集中优势的技术资源与技术能力，降低技术活动的风险。"知彼"是指企业通过对外部技术环境，如技术需求、技术总体水平、竞争对手技术水平、技术发展趋势等进行分析，明确技术决策和当前技术环境的匹配程度，发现技术发展的机会和威胁，从而为技术战略的后续工作打下基础。

（二）制定技术战略实施方针

通过对企业内外部技术条件进行分析和评估，明确企业的战略目标对技术创新的要求，从而制定相应的技术战略方针，并对企业的各方面资源进行优化配置，以抓紧技术机会，将技术能力转化为实际行动，从而推动企业的发展。

（三）控制技术战略实施过程

技术战略的实施具有一定的风险性，为了维持企业技术活动的正常运行，使技术战略能够发挥作用，企业就必须对技术战略的实施过程进行相应的控制，对技术战略实施的各个环节进行有效的监控和调整，从而保证技术战略的正确性和有效性。

四、技术战略的作用

（一）为企业的技术创新工作树立目标

技术战略为企业的技术创新工作提供了明确的目标及发展方向，并使企业的技术资源及技术能力与技术发展目标相一致，从而避免了技术创新工作的盲目性，促使技术活动有条不紊地进行，并增强了企业的技术竞争力。

（二）保证技术决策与技术资源的一致性

技术决策的制定要与当前的技术资源及技术能力相一致，这样才能为企业发挥最大的效用。技术战略通过对技术资源进行选择和配置，能够明确企业当前的技术能力水平，并根据企业实际的技术条件制定技术决策，保证技术决策与技术资源的一致性。

（三）为企业其他经营战略提供支持

技术战略不仅能够促进企业的技术创新，而且能为企业其他的经营战略提供技术支持，从而提高企业的总体发展水平。如技术战略通过技术革新，提高了产品的效率和质量，增加了产品的功能，从而更好地保障了生产战略的运行。同时，技术战略能够加速技术商业化的进程，促进产品获得商业上的成功，为市场营销战略提供有力的支持。

【案例 8-3】

英特尔的技术战略

英特尔是电脑微处理器业界的领导者，同时由于英特尔的存在，促进了整个电脑产业的飞速成长。英特尔微处理器的迅速发展，使众多电脑商可以不断地推出新型电脑，以满足消费者对功能更强大的桌上型电脑的需求。英特尔整个企业价值的关键在于对于技术研究与开发的不断投注，以及有力的技术战略。

英特尔技术战略的重心集中在客户以及其他生意伙伴上。英特尔用的不是一种"先将产品制造出来，反正消费者和其他人自然会跟上了"的态度；相反的，英特尔将焦点放在英特尔最终会依赖的对象上。就技术战略发展的观点而言，英特尔相信将资金投入到与客户以及供应商的技术联系上，投入到发展技术的解决方案上，这将会润滑、强化彼此之间的关系，并且实现与相关技术厂商共享技术信息的目的。然而从通信与信息安全的议题来看，这也是发展技术战略应用的一项艰巨的任务。

资料来源：丹尼尔·佩多索. 技术管理及应用 [M]. 海口：海南出版社，2003.

第三节　技术战略的制定与实施

　　企业要根据一定的技术战略决定因素来制定其合适的技术战略，并进一步落实技术战略的实施。技术战略的成功实施在一定程度上影响着企业未来的发展道路。

——佚名

一、技术战略制定的决定因素

技术战略的主要决定因素包含三类：位置、路径和组织过程。

（一）位置

技术战略是基于企业当前所处的位置所制定的，主要包括两个方面的内容：

1. 企业竞争优势

企业竞争优势是指企业在技术研发、技术商业化、市场营销、市场份额等方面优于竞争对手。技术具有路径依赖性，因此，制定技术战略需要以企业现有的竞争优势为依据。

2. 国家创新系统

国家创新系统是指国家对技术创新所营造的氛围。国家创新系统通过影响市场需求、竞争结构、人力资源供给等因素来影响技术战略方案的制定，其中产业环境和技术发展水平是国家创新系统的重要内容。

【拓展阅读】

产业环境与技术发展水平

产业环境是指产业中有五种竞争力决定技术竞争力，即潜在进入者、替代品的威胁、买卖方的议价能力、技术供应商的议价能力以及现有企业的竞争；技术发展水平是指国家在技术发展方面投入人力、物力、财力所获得的技术成果。技术战略的制定需要对产业环境和技术发展水平进行分析，以制定与国家创新系统相匹配的技术战略方案。

（二）路径

一般来讲，企业的发展历史就是它的路径。企业以后的发展方向都是现在和以往发展路径的函数，这就是我们常说的路径依赖性。同样，技术战略方案也具有路径依赖性，即现在技术战略的制定是以往技术战略方案的延续。技术战略的制定需要考虑以往技术战略实施的情况，以及对技术路径的预测。

（三）组织过程

技术战略要适应组织过程的变化，并具有应对各种组织问题及挑战的能力：

（1）技术战略应具备与当前战略相适应的能力。

（2）技术战略应具备超越当前战略的能力。

（3）企业制定技术战略时平衡上述二者的能力。

二、技术战略的基本内容

（一）技术战略的基本类型

企业的技术战略主要分为四种类型：技术领先战略、技术跟随战略、技术仿制战略、应用工程战略。这四种战略在企业方面、市场方面、财务方面具有不同的特征，如表8-1所示。

表 8-1　不同技术战略选用分析表

技术战略		各项特征
技术领先战略	企业方面的特征	技术能力、市场营销能力都非常强
	市场方面的特征	市场对新产品的需求迫切，市场营销费用较低
	财务方面的特征	产品成本较高，但具有较大潜在利润
技术跟随战略	企业方面的特征	组织灵活、技术研发能力很强
	市场方面的特征	市场容量大，非技术领先者能独占
	财务方面的特征	成本比技术领先者低，但比技术仿制者高
技术仿制战略	企业方面的特征	具有一定的技术研发能力，希望成为低成本生产者
	市场方面的特征	有能力在价格上进行竞争
	财务方面的特征	低成本和薄利
应用工程战略	企业方面的特征	良好的产品组装能力、市场营销部门和技术研发部门配合好
	市场方面的特征	现有产品有市场，但已被竞争者的改进产品所威胁
	财务方面的特征	研究开发费用小，利润低

资料来源：刘镇武，刘炳义，董秀成，张建军.企业技术创新与管理［M］.北京：石油工业出版社，2004.

（二）技术战略的制定步骤

技术战略的制定需要经过四个步骤：战略分析、技术战略的形成、设计执行方法、执行技术战略方案，如图 8-4 所示。

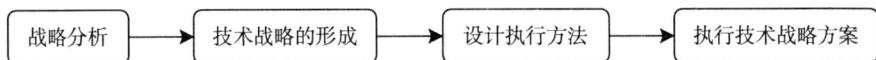

战略分析 → 技术战略的形成 → 设计执行方法 → 执行技术战略方案

图 8-4　技术战略的制定

1. 战略分析

战略分析主要包括两个方面的内容：一是对企业环境的评价，包含技术环境评价和竞争环境评价；二是对企业竞争地位的分析，包括知识存量分析、技术优势分析和技术需求分析。

2. 技术战略的形成

企业根据战略分析的结果，决定投入的资源，选择技术战略方案，包括产品的选择、技术来源的选择、技术商业化方式的选择。

3. 设计执行方法

一旦形成了技术战略方案，企业需要决定技术战略实施的方法，如技术开发模式、技术组织、知识产权战略。

4. 执行技术战略方案

技术战略的执行需要详细的开发计划和人力资源配置计划，另外，技术战略的执行者需要与生产部门、营销部门、战略部门保持密切联系。一般来讲，成功的技术战略需要一定的监督与评估。

【案例 8-4】
UPS 仓储公司技术战略的实施

UPS 仓储公司是 UPS 在 2001 年并购 Mail Box 公司后成立的。Mail Box 公司主要提供复印服务、个人收取邮件的地点以及邮件服务。UPS 仓储公司购买这些业务的目的在于给包裹运送企业提供一个面向顾客的零售连接点。

在发展仓储技术概念的过程中，UPS 仓储公司把技术战略整合到业务中。UPS 仓储公司通过开放一组相互配合的业务活动达到实施技术战略的目标。在公司内部，首席信息官参与企业战略的制定，从而使企业制定总体战略时，必须要考虑其技术战略。

资料来源：Jindel, Satish. New Competition for USPS [J]. Traffic World, 2003, 267 (17).

第四节 技术战略联盟

技术战略联盟是企业获得技术创新的快捷方式，企业通过强强联手的合作来实现共赢的目标。

——佚名

一、技术战略联盟的内涵

技术战略联盟就是一种企业结盟，具体来说是指两个或两个以上具有独立法人地位的企业的联合，并致力于技术创新的行为。技术战略联盟是一种社会经济现象、一个商业进化成果、一种知识集成及分享的方式。

【拓展阅读】

技术战略联盟的优势

（1）获得一定的规模经济，降低技术研发成本。

（2）获得技术优势，快速进入市场。

（3）分散技术研发风险，提高技术成功的概率。

（4）借助技术联盟的力量影响目标市场的竞争结构。

二、技术战略联盟的特点

（一）灵活性

技术联盟是由一些具有独立法人地位的企业组成的，包括供应商、研发机构、高等院校等，甚至还包括昔日的竞争对手。技术联盟是随技术研发项目而产生，当项目结束时，技术联盟也随即解散，它们的聚散都具有灵活性。

（二）网络化

随着网络技术和信息技术的发展，技术联盟并不一定有实体企业的存在。具有独立法人地位的企业可以通过信息网络，彼此联系，共同工作。

（三）优势互补

技术联盟中的每一个企业都将自身最核心的技术贡献出来，通过优势互补，可以联合开发出更优秀、更先进的技术。

（四）合作竞争

技术联盟是一种既合作又竞争的方式，在技术研发方面每一个企业相互合作，而在产品方面每一个企业相互竞争。技术联盟可以得到比自由竞争更大的整体回报。因此，技术联盟是企业技术发展的一种趋势。

【案例 8-5】

海尔和三洋的技术战略联盟

2002 年 1 月 8 日，海尔与三洋在大阪宣布建立 21 世纪技术战略伙伴关系。其战略联盟的核心内容主要包括以下四点：

（1）不断推进双方企业在技术生产方面的相互合作；

（2）扩大三洋零部件向海尔的供应以及不断促进两个企业间的技术协作；

（3）三洋充分利用海尔的销售网络，在中国销售三洋品牌产品；

（4）在日本大阪，海尔与三洋合资成立"三洋海尔股份有限公司"，促使海尔冰箱和洗衣机等家电产品进入日本市场。

海尔和三洋建立的技术战略联盟促进了这两个企业的价值链的优势互补。通过技术战略联盟，海尔与三洋在技术开发、新产品开发、制造、营销等增值链上的各个环节能够充分发挥互补优势，从而有利于不断提高整合优势与竞争优势。

资料来源：欧阳桃花，周云杰，王玮. 家电企业的战略联盟——海尔与三洋的案例研究 [J]. 国际化环境与跨国经营，2004（7）.

三、技术战略联盟的动机与目标

总体说来，企业之间构建技术联盟有三种动机：一是进行技术理论研究；二是进行技术创新研究；三是寻找市场机会。

企业创建技术战略联盟，往往出于以下目标：①获取某种技术；②交换技术；③获得特殊能力；④汇集累积式资源；⑤汇集补充性资源；⑥获取战略资源；⑦获得一种战略技术能力选择；⑧创造学习机会。

四、技术战略联盟的典型模式

技术联盟是由两个或多个具有独立法人地位的公司联系在一起的一种组织，其组织关系一般有一个正式的协议来支撑。其协议通常规定了技术联盟中每个公司合作的条件，如企业合作资源、企业合作的时间框架、联盟组织结构等。技术联盟中常见的企业合作模式有以下几种：

（一）特许

特许指一个公司通过支付现金的方式来获得另一个公司技术的使用权。

（二）交叉特许

交叉特许指两家公司通过签订合同，规定双方可以相互使用某项技术。

（三）研发合同

研发合同指两家公司通过签订合同，规定一方出资，另一方为其完成指定的技术研究。

（四）联合研发

联合研发指两家或多个具有独立法人地位的企业签订合同，规定在某一特定领域或特定项目进行研发合作，并分享研究成果。

（五）研发公司

研发公司指由两家或多个具有独立法人地位的企业共同拥有的特定组织，按照拥有者的需求进行技术研发。

（六）研发联盟

研发联盟指由多个成员建立的，通常涉及较多技术领域的研发组织。

以上六种企业合作模式都有自己的优点和局限，企业需要根据特定条件选择适合的特定模式。

【拓展阅读】

技术战略联盟的创建原则

（1）首先应对合作双方的资源和利益有清晰的认识，并在此基础上签订合作协议。

（2）在联盟谈判过程中，应从多个潜在合作伙伴中识别出哪个潜在伙伴是最重要的，并且与其单独沟通。

（3）联盟谈判需要有耐心，不要急于在特定时间内作出决策。

（4）企业之间的联系人必须有灵活的权限，并且善于沟通、经验丰富。

（5）每一个合作企业的管理者都应该支持联系人的工作。

（6）致力于创造互相信任的合作氛围。

（7）换位思考，彼此清晰了解对方的利益所在和运作风格。

（8）技术联盟应保持灵活性。

【案例 8-6】

丰田的战略联盟案例

丰田（TOYOTA）是日本著名的汽车品牌。一直以来，丰田致力于构建一整套具有高价值的技术战略联盟体系，从而不断获得汽车生产技术上的突破，并取得了巨大的成就。

表 8-2　丰田的技术战略联盟体系

丰田技术战略合作企业	技术战略联盟合作形式
本田	丰田与本田、马自达、三菱及日产共同开发零部件订货计算机网络
大众	丰田在日本销售大众汽车和奥迪汽车
通用	丰田与通用合资建轿车生产厂（NUMMI），双方股份比例各占 50%
雷诺	丰田与雷诺在哥伦比亚共同生产雷诺轿车和丰田货车，丰田占股份 17.5%，雷诺占股份 23.7%，其余当地出资
富士重工	2005 年丰田汽车公司（TMC）以 6800 万日元购得富士重工 8.7% 的股份

技术战略联盟能够使丰田及其合作伙伴充分利用各方面的技术资源，从而获得巨大的互补优势，并且实现双赢。

资料来源：http://wenku.baidu.com/view/81a00708763231126edb116b.html.

本章小结

技术能力是企业为支持技术创新，获取竞争优势，而对技术进行获取、吸收、掌握、运用、复制、积累、创新的能力。在理解技术能力的内涵时，应把技术看作是一种技术资源。技术资源是企业的一种特殊资源，企业技术能力的发展在一定程度上取决于企业所拥有的技术资源的数量。技术资源的操作主要有五个环节，即知识的获取、知识的格式转换、知识的存储、知识的激活及知识的合成。

技术战略是企业的一种重要的战略资源。一般来说，企业在技术战略的指导下，通过对技术资源及技术能力进行获取、运用及累积，从而有力地支持企业的全局性决策，并有效地提高技术的应用价值，增强企业的市场竞争优势。

技术战略的主要决定因素包含三类：位置、路径和组织过程。而企业的技术战略主要分为四种类型：技术领先战略、技术跟随战略、技术仿制战略和应用工程战略。这四种战略在企业方面、市场方面、财务方面具有不同的特征。

技术战略联盟就是一种企业结盟，是指两个或两个以上具有独立法人地位的企业的联合，并致力于技术创新的行为。技术战略联盟具有四个主要特点，即灵活性、网络化、优势互补和合作竞争。

第九章 企业知识管理

安达信公司知识管理的奥秘

安达信公司主要从事会计、审计、税务、商务顾问、咨询服务等业务。安达信认为，企业的长足发展离不开知识，丰富的技术知识能够有效地帮助企业解决各种问题，因此企业应不断增强知识管理的水平，以知识推动企业的发展。

安达信一直致力于推动知识管理项目。安达信通过利用群件技术、互联网/内部网技术以及数据库和指示系统技术，构建了一个中心知识库。这个中心知识库有效地帮助安达信解决了各种知识管理上的难题，使企业的知识管理获得了丰硕的成果：

（1）安达信的所有员工都能够进入中心知识库进行相关信息与资源的交流，以及网上实时的对话与讨论，从而有利于企业知识的传递与保存。

（2）该中心知识库向安达信的员工提供安达信的所有商务咨询方法，从而提高了员工的工作效率。

（3）在实际的工作中，老员工通常很难将自己的经验和知识快速地传递给新员工。通过使用安达信的中心知识库，新员工可快捷地获取所需的知识，从而能够快速地投入工作中，为企业创造价值。

资料来源：周玲，钟琳.国内外五公司知识管理的案例调查分析［J］.图书情报工作，2002（7）.

【案例启示】21 世纪，企业的成功越来越依赖于企业所拥有知识的质量，利用企业所拥有的知识为企业创造竞争优势和保持持续竞争优势对企业来说始终是一个挑战。由安达信知识管理的案例来看，在利用技术的今天，知识的学习是企业获得创新性技术和竞争力的关键。

本章您将了解到：

● 知识管理概述

● 知识型企业的内涵、特征及组织结构

● 知识员工的内涵与特点

● 知识的获取、分享与整合

● 基于智力资本的知识管理

第一节　知识管理概述

知识管理就是运用集体的智慧提高应变能力和创新能力。

——法拉普罗

一、知识管理的内涵

企业为了应对未知的市场环境变化，通常会建立一个集成内部信息、技术资料、员工创新、组织流程、企业文化的系统，并利用这个系统将上述所有的内部信息、技术资料、员工创新、组织流程、企业文化提炼为企业知识，以供员工交流与共享，这一系列过程就是知识管理。

一般来说，知识管理是管理者有效利用企业内部及外部的显性知识和隐性知识，提高企业竞争力的过程。知识管理的目的是实现企业显性知识和隐性知识的共享，并把个人的知识转化为企业集体的智慧，从而提升企业的技术创新能力及竞争力水平。

知识管理包括：建立企业的知识库；促进员工的知识交流与知识共享；建立尊重知识及敢于创新的企业文化；把知识作为企业的一项重要的资产来进行管理。

【拓展阅读】

知识管理中知识传递性分类

（1）显性知识，指可以用语言表述，便于传递和交流的知识。

（2）隐性知识，指由于长期生产活动积累在个人头脑中的知识，这部分知识难以用语言表述，也不容易传递和交流，甚至有时无法察觉到。

【案例9-1】

某公司的内部知识管理

某公司是全球著名的数字与信息技术产品生产企业。该公司一直高度重视在企业内部不断推动知识管理的发展，力求将公司的知识转变为公司的效益，从而不断增强企业的竞争力。

该公司在企业内部设立知识主管，以便于了解公司内部的信息需求与知识流向。同时，该公司还建立了一个知识库，从而有利于公司内部的知识共享，加强知识集成和新知识的创造。

该公司的知识库主要包括以下内容：

（1）公司总体的业务流程信息；

（2）公司各部门的内部信息资料；

（3）公司以往问题的解决方法及经验总结；

（4）公司客户、合作伙伴以及竞争对手的具体信息；

（5）公司人力资源状况，以及每个职位需要的技能以及评价方法；

（6）公司技术人员的相关技术研究成果。

有效的知识管理能够实现固有知识的共享与新知识的创造，从而为该公司的技术创新打下夯实的基础。

资料来源：http://wenku.baidu.com/view/befedec46137ee06eff918f6.html.

二、知识管理的公式

在知识管理的过程中，人们一直强调知识共享的重要性，并由安达信公司提出了知识管理公式，表明了人、信息、技术与共享之间的密切关系。

K =（P，T，I）S

其中，K 表示知识；P 表示人员；T 表示技术；I 表示信息；而 S 表示共享。从这个公式我们可以看出，知识管理只有将人与信息通过技术联系起来，在共享的企业环境下才能达到乘数效应。由此可以推导出，知识分享程度越高，知识管理越能达到乘数效应，知识越能创造价值。

三、知识管理的特点

与传统的管理相比，知识管理具有以下四方面特点：[1]

（一）转变领导方式

知识经济时代需要新型的领导方式，让每位员工都有参与领导的机会。企业未来的领导方式应该是集体领导，让每一位员工都为企业的发展做出贡献，都有成为领导者的机会。企业要充分发挥全体员工的智慧，就需要统一员工的行动，从而提高企业的管理水平。

---

[1] 唐青，熊佳彦，罗玲.浅谈企业知识管理存在的问题及对策［J］.科技创业月刊，2006（10）.

（二）注重知识共享和知识创新

知识共享和知识创新是知识管理的重要内容，企业通过这些内容的构建可以获得持续的竞争优势。为了加强这部分内容的建设，企业鼓励员工分享他们拥有的知识，并创造相互沟通交流的氛围。

（三）重视知识和尊重人才

知识管理的对象是知识，而知识的载体是人才，因此知识管理应重视知识、尊重人才。通过重视知识、尊重人才，可促使企业成长为学习型组织。

（四）满足员工的精神激励

知识员工处于高需求层次，物质激励固然重要，精神激励依然必不可少，甚至有时其激励效果远远超过物质激励。因此，知识管理应重视员工的精神激励。知识员工的精神激励不能仅满足于赞赏、表扬或荣誉等传统激励方式，还应赋予知识员工更大的权力与责任，使他们意识到自己也是管理者的一员，进而发挥自己的积极性、主动性和创造性。

四、知识管理的步骤

在实际工作中，知识管理的基础是积累知识；知识管理的价值体现为共享知识；知识管理的目标是创新。企业的知识管理主要分为五个步骤，如图9-1所示。

（一）确定公司的战略目标

知识管理是在企业总体目标指导下进行的，不能脱离企业目标而存在。知识管理是为企业总体战略服务的，只有与战略目标一致，才能发挥知识管理的作用。因此，企业需要先确立战略目标，然后沿着战略方向进行知识管理。

（二）确定公司知识管理的重点领域

首先应清楚地了解企业的核心竞争力有哪些？企业未来发展的重点业务是哪些？企业潜在的收益最大的环节是哪些？通过这些分析确定企业内部进行知识管理的优先部门和优先流程。

```
┌─────────────────────┐
│  确定公司的战略目标    │──┐
└─────────────────────┘  │
        ┌────────────────────────┐  │
        │  确定公司知识管理的重点领域 │◄─┘
        └────────────────────────┘──┐
            ┌──────────────────────┐  │
            │  分析引入知识管理的业务流程 │◄─┘
            └──────────────────────┘──┐
                ┌──────────────┐  │
                │  制定知识管理方案 │◄─┘
                └──────────────┘──┐
                    ┌──────────┐  │
                    │  评估知识管理 │◄─┘
                    └──────────┘
```

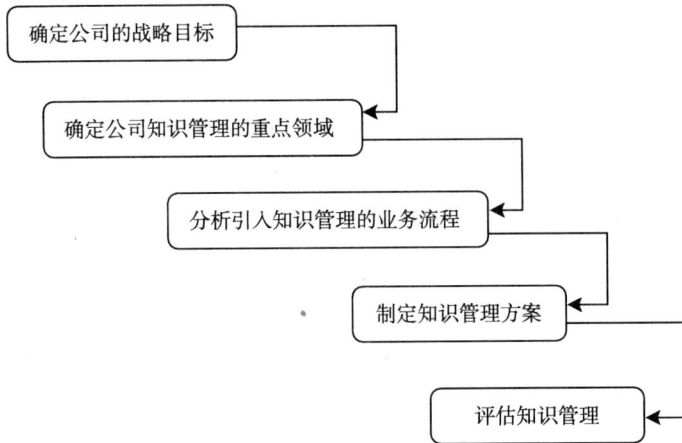

图 9-1　企业知识管理的步骤

（三）分析引入知识管理的业务流程

分析该项业务流程想要做到什么以及做到这些需要具备什么能力，如经常说某件事情需要某一个人才能完成，这里某一个人所具有的能力，就是在这个业务流程进行知识管理的内容。将这些知识进行管理，就能达到该项业务流程的目标。

（四）制定知识管理方案

根据以上分析，企业就可以开始制定相应的知识管理方案。这个知识管理方案包括：该项业务流程需要哪些知识？获得这些知识的障碍有哪些？如何破除这些障碍？一般来讲，需要制订详细的知识管理计划来实施知识管理方案。

（五）评估知识管理

在实施知识管理方案后，最后一步则是评估知识管理对业务流程的改进程度，并根据评估结果来调整知识管理计划。

五、知识管理的基本原则

（一）企业要进行知识管理的探索实践

企业要想在知识化的浪潮中取得竞争优势，势必尝试进行知识管理。在知识管理过程中，企业要发展知识战略，培育知识文化，设立知识主管，以达到知识管理的目标。

（二）建立知识创新的激励制度

企业通过建立激励制度可以激发员工学习的积极性和主动性。一般来讲，激励制度包括物质激励和精神激励，大部分企业只重视物质激励，而不重视精神激励，这是错误的做法。企业应该把两种激励制度结合起来鼓励员工学习和进行知识创新活动。

（三）知识共享

知识管理的核心目标是知识共享。知识管理的目的是实现企业内部知识的充分流动，知识在合适时间到达合适地方，才能充分发挥效用。因此，为了达到知识共享这个目标，企业应建立良好的知识管理氛围，这有助于员工交流和沟通。

（四）重视人才的培养及管理

如果一个企业没有人才去进行知识创造、知识分享以及知识应用，那么企业的知识管理就是纸上谈兵，因此人才是知识管理的核心。企业要重视人才的培养及管理，不断引进人才、培养人才、激励人才，这样才能使知识管理获得成功，使企业保持竞争优势。

六、知识管理的技术

没有知识管理技术的支持，知识管理很难在企业中得以实施。知识管理技术是实施知识管理的基础，也是实施知识管理的强大动力。

(一)知识管理的基本策略

知识管理过程中主要有两种基本策略:编码化策略和个人化策略。

1. 编码化策略

编码化策略是指企业利用电脑,将知识周密地编码并储存在资料库中,促使企业内部员工可以较易获得,并轻易运用这些知识。编码化策略主要针对显性知识。

2. 个人化策略

个人化策略是指企业利用电脑帮助员工传播知识,促使人际之间达成知识共享,而非储存知识。个人化策略主要针对隐性知识。

两种策略在企业中并不是相互矛盾、相互对立的,而是相互补充、相互配合的。在企业中,既需要支持显性知识的知识库,也需要支持隐性知识的沟通网络。只有这样,知识管理才能起到事半功倍的效果。

(二)知识管理的技术体系

无论是编码化策略,还是个人化策略,都离不开知识管理技术的协助,知识管理技术是知识管理策略实现的主要工具,它在知识管理的每一个环节都发挥作用。知识管理的技术体系主要以计算机网络技术、人工智能技术为基础,能够有效地协助企业实现知识管理。

知识管理的技术体系主要体现为以下四个方面:

1. 数据挖掘技术

数据挖掘技术是知识管理前沿技术,它是指从大量数据中获得有效的、新颖的、潜在有用的、最终可理解的知识的过程。简单地说,就是从大量数据中挖掘知识。数据挖掘包括六种方法:分类、估计、预测、关联规则、聚类、描述和可视化。

2. 群件技术

群件技术是指能够支持群体进行信息交流和信息共享,并促进群体协调合作的一种应用软件技术,其中包括电子邮件、视频会议、电子告示栏等。

3. 知识库

知识库是指企业将知识进行编码管理的知识管理方法，是集知识获取、分类、组织、存储、传播、维护、共享于一体的知识处理系统。

4. 知识地图

知识地图是指将无序的知识进行编码、整理以及结构化处理，从而绘制出知识资源的总体分布图，以帮助企业员工从图中快速获取其所需的知识。

（三）知识管理技术分类

在实际的管理中，企业所采用的知识管理技术不止一种，知识管理的技术具有多样性。对知识管理的技术进行分类能够使企业的知识管理工作更加明确，更加具有方向性。知识管理的技术分类主要有三种方法：过程分类法、层次分类法、矩阵分类法。

1. 过程分类法

根据知识管理在不同的实施阶段所需要的不同的支撑技术来进行分类（见图 9-2）。

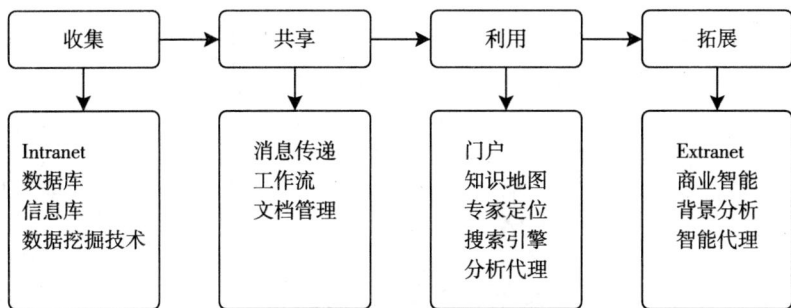

图 9-2 知识管理技术过程分类法

知识管理技术在知识管理各阶段的特点和功能：

（1）收集阶段。互联网中存在着海量的信息，企业利用数据库和信息库进行知识收集，并通过数据挖掘技术从大量杂乱的信息中，挖掘及提炼出对企业有价值的知识。

（2）共享阶段。通过消息传递、工作流和文档管理等技术实现知识共享。

（3）利用阶段。通过门户、知识地图、专家定位、搜索引擎、分析代理等工具对知识进行有效的利用。其中，门户为企业提供了利用知识的平台；知识地图则以一定的关联路径将无序的知识进行结构化处理；专家定位能够使企业员工快速找到相关领域内的专家，并向其进行咨询；搜索引擎能够帮助企业在庞大的信息世界中快速地查找其所需知识；而分析代理便于企业系统地分析知识，并掌握知识。这些技术都有益于将知识投入应用，便于知识管理。

（4）拓展阶段。Extranet 技术便于知识跨越企业边界流动，而商业智能、背景分析、智能代理使知识管理具备更多功能。

2. 层次分类法

即以不同的管理层次来对知识管理进行分类。通常将知识管理技术分为三个层次，即战略性知识管理技术、战术性知识管理技术和运作性知识管理技术，如图 9-3 所示。

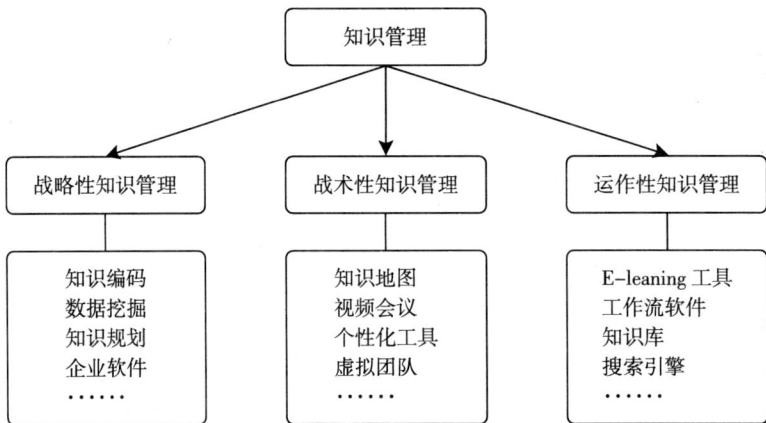

图 9-3　知识管理技术层次分类法

3. 矩阵分类法

利用知识位置及知识结构化程度这两个维度来对知识管理技术进行划分，从而将知识管理技术分为四种类型，如图 9-4 所示。

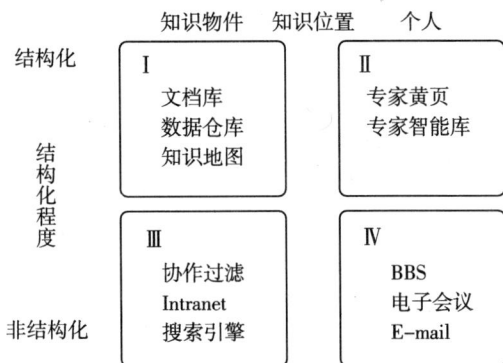

图 9-4　知识管理技术矩阵分类法

【案例 9-2】

德州仪器公司的知识管理计划

德州仪器公司一直坚信知识管理能够为企业带来创新和盈利，并希望通过知识管理，缩短信息在企业内部传递的时间，使员工快速地将这些信息转化为新知识，并利用新知识为企业创造更多的价值。

德州仪器公司知识管理的思想主要体现在以下三个方面：

（1）以文字或数据的形式总结公司以往问题的经验教训，并将这些经验教训进行各部门共享。

（2）在部门之间建立合作网，促使部门之间的信息交流。

（3）将公司所有项目的信息通报给各部门。

通过运用知识管理，德州仪器大大地节省了各部门信息交流的时间，促使各部门通力合作，不断为企业创造更多的财富。

资料来源：http://wenku.baidu.com/view/befedec46137ee06eff918f6.html.

第二节　知识型企业

知识型企业是能够把信息转换为顾客的知识源，让顾客从产品到服务中都受到教育的企业。

——佚名

一、知识型企业的内涵

随着经济全球化的发展，网络技术及信息技术突飞猛进，市场竞争日趋白热化，企业为了适应激烈的竞争环境，逐步向知识型企业转变。知识型企业是知识经济发展的产物，是一种以知识为基础的新型企业组织形式，目前知识型企业已被广泛地应用于高新技术研究、信息技术、咨询、教育等领域，因此具有巨大的发展潜力。

知识型企业迄今尚无统一的定义，综合了国内外学者的研究成果，可以认为：知识型企业是以知识为核心，由各知识人才和专业人员相互协作进行知识获取、知识整合、知识运用等工作，以创造高附加价值产品或服务的企业。

二、知识型企业的特征

（一）以知识为核心资源

知识是知识型企业的核心资源，是创造企业高附加值的来源，是形成竞争优势的推动力。

企业常用"微笑曲线"来展现知识要素在知识型企业中的重要性，如图9-5

所示。在抛物线的左侧，随着技术研发的投入，产品附加值逐渐上升；在抛物线的右侧，随着品牌运作和销售渠道的开拓，附加值也逐渐上升；而在抛物线的中间，集中大量的生产制造环节，技术含量低，利润空间也较小，成为整个价值链最低端，缺少核心竞争力，容易被其他同行取代。知识型企业可以通过品牌、技术、营销手段等知识要素来创造更多附加值，增加股东财富，即向"微笑曲线"的两侧逐渐渗透。

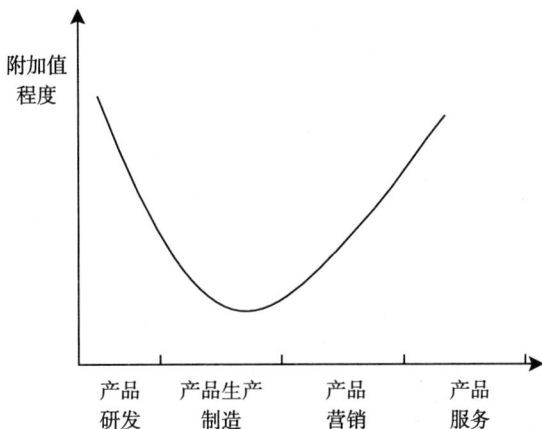

图 9-5 "微笑曲线"

（二）从"权力中心"转移到"知识中心"

在知识型企业中，决策权不再仅停留在组织结构的高层，由于知识分布于组织的每一个角落，所以每一个成员都可能成为决策者，提供重要知识。

（三）重视无形资产

在知识型企业中，企业不需要在有形资产方面进行大量投入，而是在无形资产方面大量投入，如专利、品牌、技术等。

（四）实施知识管理

知识型企业都把知识管理作为管理手段，目的是提高企业高创造附加值的能力，最终提高企业的创新能力。

（五）重视知识和尊重人才

知识型企业实施知识管理，而知识管理的对象是知识，知识载体是人才，因此知识型企业更重视和尊重人才。

(六) 注重精神激励

人才是知识创新及知识应用的主体，知识管理离不开人才，因此人力资源管理是知识管理的重要组成部分。为了降低企业的员工流动率，保持企业的知识存量，就更应注重员工的精神激励，因为知识型企业中的员工位于马斯洛需求高层级，更加看重精神激励。但知识型企业也不能一味地只实施精神激励，也应与物质激励相结合，充分发挥激励的效用。

三、知识型企业的组织结构

在知识型企业的组织结构中，管理人员随着管理层级的减少而减少，因而员工的晋升机会也大大降低，此时在知识型企业中员工的积极性来自于工作的成就感和专业精神。具体来说，知识型企业的组织结构具有以下三方面特点：

(一) 扁平化

在知识型企业中，随着电子邮件、数据库、信息库等知识管理技术的不断发展，组织结构的层次、跨度将会随之减少，趋于扁平化。在扁平化组织结构中，知识型企业对市场环境变化的反应速度更快，组织也更具柔性。

(二) 网络化

知识型企业将内部员工联结起来，构成了网络式的组织结构，或者通过网络式的联结方式构建企业联盟。知识型企业的网络化组织结构的整体效益大于个体之和。常见的网络化组织结构有以下几种：

1. 连锁经营

连锁经营是指经营同类产品或服务的组织，通过一定形式联结起来，成为一个联合体，在分工的基础上进行集中化管理，以获取规模效益。

2. 企业集群

企业集群是指地理上靠近的相互联系的组织，由于同处一个产业领域而相互联系在一起。通过企业集群联系在一起的知识型企业可以获得外部经济和规模经济，并构建知识共享平台，降低知识交易成本。

3. 战略联盟

战略联盟是指两个或两个以上的知识型企业通过契约的方式组成一个网络式的集合体，共同完成一个任务。

（三）虚拟化

虚拟化是指分布在不同地区的知识型企业，通过信息技术把人员、资金、创意联系在一起。

【案例9-3】

清华同方的知识企业之路

清华同方是由清华大学下属的五家业绩较好的公司组建而成，是典型的知识型企业。清华同方充分利用清华大学的人才优势，以知识促进企业的发展，并不断提升企业的竞争力水平。

清华同方主要是通过知识的生产、传播和应用来获取经济效益。具体来讲，清华同方作为一个知识型企业，具有四方面的特征：提供知识产品和服务；吸收清华大学的知识资源；注重知识资产管理；实施知识管理。清华同方在将科研成果转化为产品和产业的过程中，形成了其独特的核心能力——知识运作。具体表现在：利用自身优势孵化新企业；利用知识产品筹集资金；将资金和知识运作相结合。

清华同方作为一个知识型企业能够迅速崛起，是与清华大学和其他校企建立起来的知识网络分不开的，这种知识网络是清华同方继续前进的源动力。

资料来源：罗利元，高亮华.知识企业案例［DB/OL］.全球品牌网，2006-04-14.

第三节 知识员工的内涵与特点

新经济的挑战就是如何提高知识员工的生产力。

——彼得·德鲁克

一、知识员工的内涵

知识员工的概念最早是由管理大师彼得·德鲁克在其著作《明天的里程碑》中提出的，他认为知识员工是指"那些掌握并运用符号和概念，利用知识和信息工作的人"。而弗朗西斯·赫瑞比在其著作《管理知识员工》中则认为，知识员工是"那些创造财富时用脑多于用手的人们，他们通过自己的创意、分析、判断、综合、设计给产品带来附加价值"。

我国学术界对知识员工没有统一的定义，但国内学者屠海群对知识员工的定义是公认比较全面合理的，他认为知识员工是指"从事生产、创造、扩展和应用知识的活动，为企业或组织带来知识资本增值，并以此为职业的人员"。通过以上分析，本书中的知识员工主要是指具有更多的高层次需求，以脑力劳动为主，可以不断自我更新知识，并且在劳动过程中具有较强独立自主性和创造能力的被雇佣者，如策划人员、研发人员等。

【案例9-4】

某企业对知识员工的管理

某企业是国内最成功的知识型企业之一。该企业的成功离不开知识员工的贡献。该企业对知识员工的管理主要体现在以下几个方面：

1. 投入资金，吸引知识型人才

该企业建立了"以人为本"的人才战略，并投入大量资金招募人才。这一"以人为本"的人才战略为该企业吸引了大批知识型人才，从而促使其得到快速成长。

2. 对人才充分授权

该企业为了表达对知识员工的信任和尊重，授权知识员工参与相应的工作决策，从而使其更愿意为公司贡献出自己的知识。

3. 尊重知识，重视人才培养

该企业很重视员工的继续教育培训，并经常从高校请来老师为员工讲课。对于优秀的知识员工，该企业还会送他们出国深造，并支付全额学费。

4. 制定"转换成本"策略

为保留知识员工，该企业制定了"转换成本"策略，即知识员工试图离开公司时，会因"转换成本"高而放弃。

资料来源：http://biz.163.com.

二、知识员工的特点

与一般员工相比较，知识员工具有以下基本特点：

（一）知识化

知识员工通常接受过较高程度的教育和培训，拥有某项专门的技能。随着知识老化和技术更新的加速，为了能跟上专业技术的发展，他们需要长期地、不断地学习新的知识。

（二）年轻化

知识员工呈现出年轻化的特点。年轻人有活力，对于新知识有较强的学习能力，并且富有创造力。

（三）创造性

知识员工的工作不同于普通员工，他们不需要死板地遵循固定的操作步骤及工作规范。知识员工通常处于一个多变的工作环境中，其工作任务常会随着市场需求及技术趋势的变化而变化，具有一定的难度和挑战性，因此，知识员工要成功地应对各种工作挑战，就必须具有创造性，并不断通过技术创新及知识创新来为企业创造更多的财富。

（四）独特的价值观

知识员工不同于普通员工，他们工作的目标不仅仅在于获得物质财富，解决温饱问题，而是为了发挥专长，取得成就，实现自我价值，并获得社会的认同。知识员工注重自我增值，不畏惧工作上的难关，并敢于面对各种工作挑战，乐于迎难而上，具有明确的奋斗目标。

（五）较强的自我意识

由于知识员工一般拥有某些特殊技能，并依靠这种技能作为自身保障，因而他们往往重视工作的自我引导，希望在工作过程中不要受到太多的权责限制，且更倾向于一个自主的工作环境，不愿意受制于物。

（六）易于流动

知识员工不同于普通员工，他们更具有进取心，并追求能够使他们得到不断发展的职业。当现今的工作不再具有发展空间、不再具有挑战性的时候，知识员工就容易流动，以选择更好的职业。知识员工通常会流动到高等学府进行深造或流动到大企业以谋求更好的出路。

（七）工作自主性

知识员工从事的工作主要以脑力劳动为主，具有很大的主观支配性、复杂性及随意性，不需要遵循固定的程序和步骤。知识员工的劳动过程难以用简单的标准来衡量，因此企业难以对知识员工的劳动过程进行系统的监督和管理。目前对知识员工的考核主要以工作结果为主。

（八）需求既有共性又有多元化特征

由于成长的轨迹具有相似性，使知识员工的需求也具有一定的共性。然而知识员工的生活环境、学习环境、受教育程度等各不相同，从而使知识员工的实际需求也有所差异，并呈现多元化及个性化的特征。

（九）劳动过程难以监控，劳动成果难以衡量

知识员工从事的劳动是一种具有创造性的知识密集型脑力劳动，能够为企业

带来高附加价值的产品和服务。知识员工的脑力劳动主要集中于技术的运用以及知识的创造，并体现为创意、构思、科技发明等形式，因此知识员工的工作成果及努力程度不能简单地用产量、质量、货币等标准来进行衡量，而且企业也难以对知识员工的劳动过程进行监督和控制。同时在实际工作中，知识员工并不是独立工作的，而是以团队协作的形式来完成工作任务，因此企业难以衡量团队中个人劳动的成果。

第四节　知识的获取、分享与整合

知识获取后，要通过分享和整合才能充分发挥价值。

——佚名

一、知识获取

知识获取是企业为了得到其所需的知识而对知识源进行搜索与选择，最终取得知识所有权的过程。知识获取能够帮助企业获得丰富的技术知识，从而顺利解决各种难题，为知识的积累和增长奠定基础。

企业知识获取的基本方式有两种：企业内部的知识获取以及企业外部的知识获取。对这两种方式进行进一步细分，可得到知识获取的多种方式，如图 9-6 所示。

（一）企业内部的知识获取

1. 内部知识创造

企业以内部自行开发的形式来创造新知识，从而使其内部知识量得到不断增长。内部知识创造能够有利于企业获取核心知识，从而与其他竞争对手拉开差

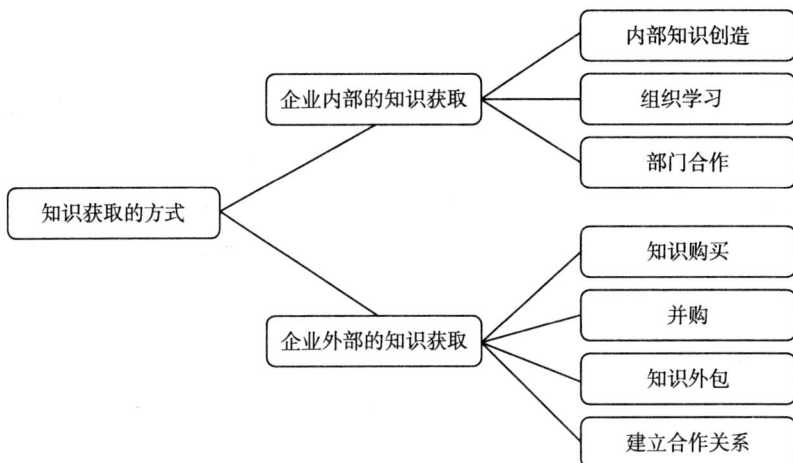

图 9-6 知识获取的方式

距，并保持竞争优势。然而，内部知识创造具有一定的难度和风险，而且效率较低，因此只适用于大型企业。

2. 组织学习

组织学习是各个组织成员以共同学习的方式改进现行工作的错误及异常，从而培养新思维及新技术，并获取新知识的过程。组织学习能够有效地提升组织和个人的学习能力以及创新能力，从而形成勤于学习的组织文化，促使组织知识的不断增长，最终为组织带来巨大的收益。

3. 部门合作

企业内部的各个部门在各自领域内具有不同的专业知识，部门间的相互合作与彼此学习能够有效地促进部门间信息的交流以及知识的分享，从而使各部门都能够获得互补性知识，提高企业总体的知识含量。

（二）企业外部的知识获取

1. 知识购买

知识购买主要是指企业向市场上特定的技术机构进行知识采购，从而快速地获取其所需的知识。知识购买是企业获取知识最快捷的方式之一，且具有高效率、低风险的优点。知识购买通常包括购买专利权、聘请专家、引进技术等。

2. 并购

并购是企业获取另一企业大量知识的最直接的方式。企业的并购通常会面临管理冲突及文化冲突等难题，因此企业进行并购时首先要对目标企业的知识资产做好细致的分析，从而明确目标企业是否具有自身所需的知识资产，是否具有并购的价值。企业进行并购后还需要利用知识管理，加强对并购对象的知识资产的整合及利用，从而获取并购对象丰富的知识。

3. 知识外包

知识外包是指企业将一些非核心业务外包给外部的其他机构，从而能够快速地获取与这些非核心业务相关的知识，并集中知识及资源优势发展核心业务以创造更大的收益。而对于某些目前没有能力开发的知识，企业也可通过知识外包的方式来获取。

4. 建立合作关系

企业与其他知识机构建立合作关系，并通过共同开发、合资生产、建立联盟、契约协议等形式获取对方丰富的技术资源及互补性知识，从而实现资源的共享以及知识的增长，并达到双赢的目的。

总的来说，企业外部知识获取的来源有多种，企业不仅可以通过专门的科研机构获取知识，还可以通过各种教育机构、其他企业、竞争对手、客户等获取知识。企业知识获取的外部来源如图9-7所示。

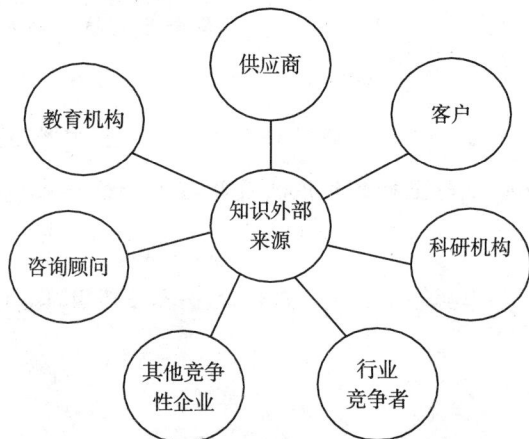

图9-7 企业知识获取的外部来源

【案例9-5】

汾酒公司知识获取策略探析

汾酒是我国著名的白酒老字号品牌。山西杏花村汾酒股份有限公司属国有独资企业，其知识获取的模式主要有内部知识获取与外部知识获取两方面：

1. 内部知识获取

（1）企业文化。汾酒具有上千年的酿造史，积淀了丰富的文化。深厚的企业文化能够提升员工的工作素养及集团责任感，从而为企业不断创造知识。

（2）激励机制。汾酒以奖金、福利、晋升、股权等形式激励员工，从而提高员工的工作积极性，增强员工间的知识共享。

（3）组织学习。汾酒公司不断对其酿造工艺改造创新，并招募资深的科学家、工程师，以保持其在白酒行业中的技术优势。

2. 外部知识获取

（1）市场模式。为解决重大的生产问题，汾酒企业向全国招标解决方案，从而顺利攻克生产难关，并获取丰富的知识。

（2）援助模式。汾酒向政府部门、公共机构、科研组织或其他企业引进技术，从而获取知识。

（3）合作模式。汾酒的技术中心与科研单位建立合作关系，聘请国内相关领域的知名专家，长期作为公司的技术顾问，参与企业的技术创新管理，从而提升企业的自主创新能力。

从汾酒的知识获取的策略，我们不难发现，知识获取的途径非常多，在选择的时候要考虑其效率和企业对新知识的吸收程度，这样才能真正的把知识运用起来。

资料来源：李景峰，陈雪.企业知识获取——以"汾酒股份"为例[J].图书情报工作，2009（2）.

二、知识分享

知识不同于一般的资产，不会随着分享而贬值，反而越分享越能发挥其效用，从而促进知识价值的最大化。知识分享是企业创新的前提条件，通过知识分享和交流，可将个体员工的内隐性知识转化为组织的整体知识，从而不断增强企业的技术创新能力，推动企业的持续创新。

知识分享主要是指企业员工通过彼此的知识交流及讨论，取长补短，获取新知识，并将自身的知识贡献给企业的过程，知识分享能够有效地扩大企业整体知识的利用价值。

（一）知识分享的分类

知识分享的分类如图 9-8 所示。

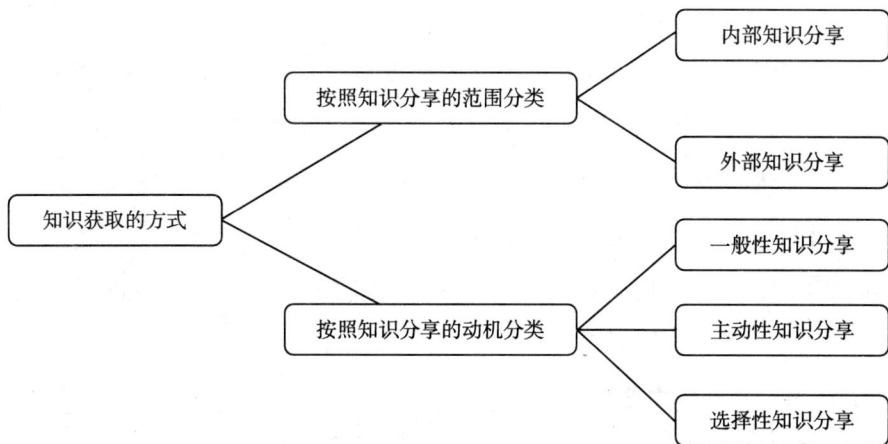

图 9-8　知识分享的分类

1. 按知识分享的范围分类

根据知识的范围，可将知识分为企业内部知识和企业外部知识。在此基础上，知识分享也可以划分为内部知识分享和外部知识分享（见图 9-8），这两种知识分享的机制及作用各不相同：

（1）内部知识分享是指企业为了使员工掌握和理解企业内部各方面的互补性

知识，而在企业内部实行的知识分享活动。内部知识分享能够有效地帮助企业营造乐于分享知识的企业文化，从而推动企业的知识创新以及增强企业的竞争优势。

（2）外部知识分享是指企业与其他机构以签署合同协议的方式进行合作，建立战略联盟，将自身的部分知识有条件地分享给对方，并获取对方相应的知识，从而实现共同利益的最大化。

2. 按知识分享的动机分类

利用技术手段，建立相应的知识分享渠道或平台是实现知识分享的有效途径。根据企业员工知识分享的动机，可将知识分享划分为一般性知识分享、主动性知识分享以及选择性知识分享：

（1）一般性知识分享是企业通过建立相应的知识分享平台，使各部门的员工能够在平台中以编辑和上传的方式，自行进行知识分享与交流，且员工能够在平台中自行搜索其所需的知识，从而提高知识分享的效率。

（2）主动性知识分享是指知识分享者通过知识分享平台，主动地将相关知识传输给特定的人员。在主动性知识分享中，知识分享者首先要在平台中发布某一信息或知识材料，然后再通知特定的人员接收这一信息或知识。

（3）选择性知识分享是为了避免信息爆炸的情况，知识接受者在知识分享平台上进行相应的设置，屏蔽不相关的或目前工作不需要的知识，从而选择性地接受知识，使知识分享更有针对性。

（二）知识分享的主要实现方式

1. 采用师徒制的方式分享和传承知识

师徒制是指企业资深的老员工（师傅）以一对一的方式带领刚入行或资历尚浅的新员工（徒弟）开展工作。在师徒制中，师傅通过操作示范、演示、讲解等方式将其丰富的技术知识、操作技巧、工作经验等隐性知识传授给徒弟，从而使知识得到不断传承。

2. 建立正式的知识分享网络

企业通过建立正式的知识分享网络，使工作信息及指示命令能够进行顺畅的纵向传递，从而促进企业内部知识的传播和分享。

3. 建立知识库

企业通过技术手段对各种繁杂的知识进行整理、分类、筛选及汇总，并从中提取出具有应用价值的知识保存到知识库中，以供企业员工进行搜索、浏览和学习，从而有利于员工快速获取知识，解决实际工作中的问题。

4. 构建非正式场所

非正式场所通常是指员工休息间、茶水间、餐厅以及其他与工作内容无关的场所。企业构建非正式场所，有利于员工在这些场所内自由地进行信息交流，从而促进知识分享。

5. 建立非正式网络

非正式网络是指企业员工通过私下的人际网络进行知识的交流，从而促进知识的分享。非正式网络体现了人际关系的重要价值。

6. 建立知识社区

知识社区是指具有共同兴趣及专业技能的员工自发组合而成的群体。通过建立知识社区能够促进员工对某一专业知识进行深入的探讨和交流，从而达到知识分享的效果。

（三）知识分享的作用

知识分享对企业的作用主要体现在：促进企业内部的知识交流，避免员工间、团队间、部门间信息不对称的现象；减少资源重复使用的浪费，有效地降低成本；促进部门间的相互协作，加速新产品开发的速度；总结过去经验和教训，不断提高产品的质量，提高客户满意度。

【案例 9-6】

摩托罗拉的知识分享文化

长期以来，摩托罗拉公司都高度重视营造一个支持员工分享知识的文化。摩托罗拉公司通过向员工提供丰厚的奖金，鼓励他们举行各种跨部门间的提案活动，从而有利于知识的分享，并不断增强企业的知识管理水平。

摩托罗拉公司关注改变员工固有的思维模式，努力让员工认识到知识分享的重要性。知识的投资不会像其他实际资本一样贬值，知识分享能够让员工通过彼此间的知识交流，不断取长补短，从而碰撞出智慧的火花，并产生对企业有价值的知识。员工将知识贡献给企业，能够帮助企业增强其技术创新能力，从而不断获得更大的收益。

资料来源：http://www.ceconline.com/import_export_trading/ma/8800044941/01/.

三、知识整合

知识整合是一个重新整理企业内部的各方面知识，在大量繁杂的知识中去除那些无用的知识及提取出具有应用价值的知识，并将企业各员工、各团队、各部门的互补性知识进行有机的结合，从而增加企业知识的总体价值，实现协同效应的动态过程。对于企业来说，知识整合不会结束于某一个时间点，因为企业随时都有新知识产生。在企业的知识系统中，知识整合非常关键，因为知识整合是新知识产生的前提。如果知识整合出现问题，企业将无法获得新知识，也无法维持持续的竞争优势。

知识整合是企业知识管理的一部分，自然要服务于知识管理。知识整合平台构建的目的就是促使知识管理系统运转得更好。

如图9-9所示，知识整合平台中的知识挖掘是指通过采用各种技术，从企业内外部挖掘及获取大量新知识；知识整理及筛选是指企业根据管理要求对知识分门别类，将新知识与现有知识进行匹配，并通过知识筛选，去除那些与企业总体战略要求不一致的新知识和旧知识的过程；最后将整理出来的知识与原有的知识系统进行有机结合，从而形成具有应用价值的新知识。

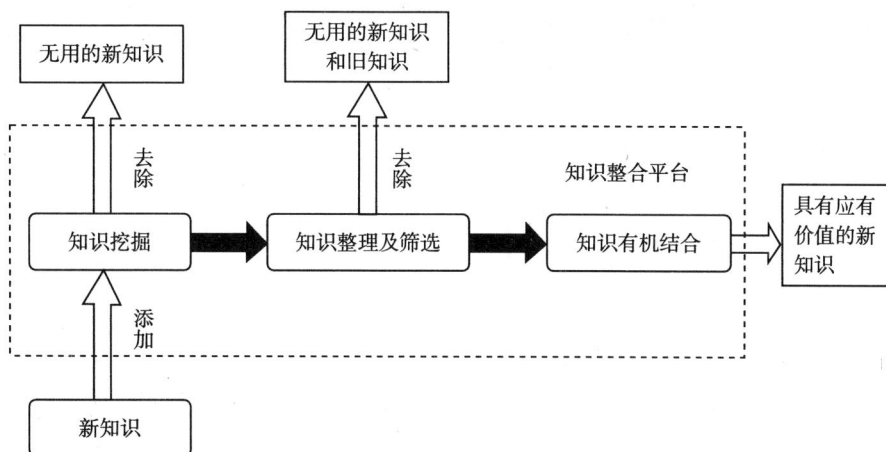

图 9-9　知识整合平台

【案例 9-7】

TCL 收购阿尔卡特后的知识整合

2004 年 9 月，TCL 与法国阿尔卡特公司合资成立了 TCL & Alcatel Mobile Phone Limited（简称 T&A），从事手机生产及销售业务。TCL 希望通过收购阿尔卡特公司，能够发挥销售、生产、技术等方面的协同效应，从而获得竞争优势。

企业并购后的知识整合是一项复杂的工程。企业的并购如果缺乏正确的知识整合策略，那就必然会面对种种难题。

并购阿尔卡特后，TCL 的知识整合存在的问题主要有以下四点：

（1）并购方与被并购方之间存在知识冲突。

（2）缺乏有效的文化整合策略。

（3）被收购方的技术人才不断流失。

（4）被收购方充当知识引擎。

面对这些问题，作为企业就必须对知识整合的策略做出调整：

（1）加强同质知识的融合和扩大。

（2）建立有利于企业并购后知识整合的企业文化。

（3）通过系统组合实现显性知识的整合。

（4）通过对话实现隐性知识的整合。

资料来源：张洁梅.企业并购后的知识整合——以 TCL 并购阿尔卡特为例[J].企业改革与发展，2011（9）.

第五节 基于智力资本的知识管理

目前有三种重要思想正改变组织运行模式：第一种思想是全面质量管理；第二种是企业再造；第三种是智力资本。

——托马斯·斯图尔特

一、智力资本的内涵

随着信息技术的快速发展以及经济全球化，人类社会已经进入以知识为主导的时代，传统的生产要素——劳动力、资本和土地——在竞争中的作用逐渐减弱，而知识等无形资产在竞争中异军突起，成为竞争优势的主要驱动因素。

人们经常发现这样一个现象，企业的市场价值高于账面价值，并不得其解，于是开始寻找差距的来源。人们在有形资产处没有找到，开始在无形资产处找，发现企业声誉、管理技能、员工技能是这些收益差距的来源，从而就将这些无形资产称为智力资本。

通过调查研究，我们认为智力资本包含四部分内容：人力资本、知识资本、结构资本以及关系资本，如图 9-10 所示。

人力资本是企业员工所拥有的知识、技能、经验的总称；知识资本是指企业申请了知识产权保护的资产以及一些技术机密，如专利、著作权、商标权、商业机密等；结构资本是指向人力资本、知识资本以及关系资本提供的支持或者基础性设施，如组织结构、企业文化、信息技术系统、企业形象、知识产权、创新氛围、学习环境等；关系资本是企业外部环境的各种人事联系、协调能力、沟通能

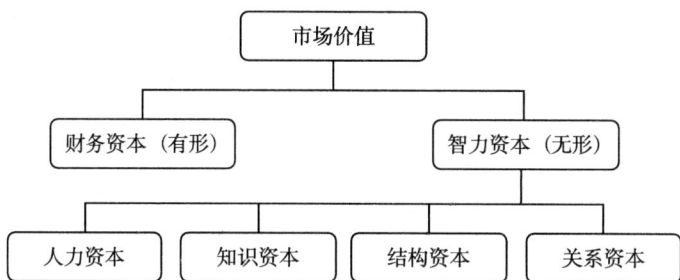

图 9-10　智力资本分类

力的总称。

二、智力资本的特点

智力资本不同于企业其他普通资产，它具有自身的特点。随着信息技术的发展，各个领域不断涌现各种新知识及新技术，从而使知识总量迅速增长，知识的生命周期不断缩短，知识总是处于快速变化中，因此知识容易变旧，需要快速更新，导致智力资本很难获得和积累。

智力资本属于无形资产，很难被企业进行准确的估价和核算。另外，智力资本既可以是商业化的投入，也可以是商业化的产出，它是一种特殊的资产。智力资本的这些特点使得对它的管理成为一项具有挑战性的工作。

三、智力资本的测度方法

（一）市账率法

市账率法是指企业的市场价值与账面价值的比率，反映了智力资本价值的相对大小。实际上，我们认为智力资本等于市场价值与账面价值的差额。

智力资本（IC）= 企业的市场价值（VM）– 企业的账面价值（VB）

举个例子，某企业的股票市值为 6000 万元人民币，而其账面价值只有 4000 万元人民币，则该企业的智力资本为 2000 万元人民币。可以说企业的股票市值与账面价值差额越大，其智力资本越大。但该种方法具有缺陷，即只能计算上市企业的智力资本。

（二）托宾 q 值法

该方法是由诺贝尔经济奖获得者托宾提出的，利用 q 值判断智力资本的价值。

q = 企业的市场价值（VM）÷ 企业有形资产的重置价值（VR）

举个例子，某企业两年前购买了一台设备，价格为 200 万元，现在折旧之后的账面价值为 140 万元，但实际上的市场价值只有 100 万元，即该台设备的重置价值为 100 万元，如果投入生产，可以帮助企业增加 50 万元的市场价值，即托宾 q = 50 ÷ 100 = 0.5；如果企业购入了一个价值流程，价格为 200 万元，但它给企业带来了 800 万元的市场价值，则该价值流程的托宾 q = 800 ÷ 200 = 4.0。

一般来讲，托宾 q 值越大，企业的智力资本含量越高，即企业的科技含量越高；另外，托宾 q > 1，表示企业能有效地利用智力资本；对于相同行业的企业，托宾 q 值越大，代表其竞争力越强。

四、管理智力资本的步骤

管理智力资本的步骤如图 9-11 所示。

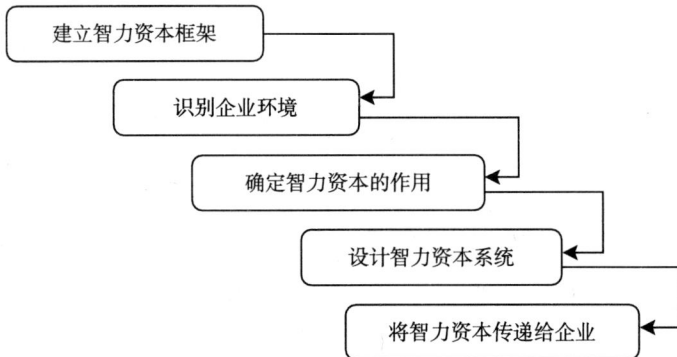

图 9-11　管理智力资本的步骤

（一）建立智力资本框架

企业应该清楚地描述自己的愿景目标，同时制定具体的战略方案来支持愿景目标，然后企业确定智力资本在启动战略和实现愿景目标中发挥的作用，这些作用主要是指创造价值。

（二）识别企业环境

企业在这一步骤应充分认识自身的产品、服务以及市场，清楚界定自身的业务范围。另外，企业还需识别内外部环境，对企业在业务领域中的优劣势进行评价，寻找智力资本在实现愿景目标和战略中的潜在作用。

（三）确定智力资本的作用

无论智力资本的作用是战术性的还是战略性的、短期的还是长期的、内部的还是外部的，我们都应该清楚地认识到，在已经为未来认真设定了目标的企业里，智力资本的作用还是很多的，这样有利于企业确定如何使用智力资本来实现战略目标。

（四）设计智力资本系统

企业在确定了智力资本的作用后，企业的智力资本经理需要开发出企业内部利用智力资本的能力。这些能力的整合就构成了需要完成某个目标的智力资本系统。

（五）将智力资本传递给企业

与上层管理人员交流，获得高层管理人员的支持，取得未来费用的许可；与外部交流，获得外部人士对企业的理解，提高企业的知名度。

本章小结

知识管理是管理者有效利用企业内部及外部的显性知识和隐性知识，提高企业竞争力的过程。知识管理能够帮助企业有效地应对各种未知的市场环境变化，并不断提高企业的技术能力及创新能力。知识管理的公式为 K ＝

(P，T，I) S。其中，K 表示知识，P 表示人员，T 表示技术，I 表示信息，而 S 表示共享。

知识就是力量，随着知识管理的进步，越来越多的企业转变为知识型企业。知识型企业是以知识为核心，由各知识人才和专业人员相互协作进行知识获取、知识整合、知识运用等工作，以创造高附加价值产品或服务的企业。知识型企业有其自身的特点和组织结构。

企业的知识管理离不开最重要的一部分人——知识员工，这类员工对企业的成败有很大的影响力。知识员工主要是指具有更多的高层次需求，以脑力劳动为主，可以不断自我更新知识，并且在劳动过程中具有较强独立自主性和创造能力的被雇用者。

企业知识管理的关键在于知识获取、知识分享和知识整合。对于企业而言，知识获取帮助企业不断更新现有知识，以促进企业进步；在企业内部和外部，知识的分享使知识的传递和实施变得更加容易；知识整合则有利于企业全方位地将所获得的知识融入企业之中。

智力资本是一项无形资产，是当今市场竞争的一项主要驱动因素。智力资本的测度方法主要有市账率法和托宾 q 值法两种。

第十章 新兴技术管理

光触控技术——新兴技术带动技术革新

光触控技术是一种基于高分子光波导感应的屏幕触控技术，这一新兴技术有着广阔的发展空间和应用前景。目前，应用这一技术的产品包括智能手机、自动取款机、照相机、GPS 系统、多媒体播放器、自动控制显示、电子书等。

RPO 有限公司是美国的一家光触控技术公司，其一直致力于研发一种具有高度差异化的光触摸技术——数字光波导触摸控制技术。与其他光触控技术相比，RPO 有限公司的数字光波导触摸控制技术具有以下优点：

（1）不需要在显示屏上覆盖涂层；

（2）能够适应于小尺寸屏幕的输入；

（3）能够灵敏地感应笔、戴手套的手指以及多种物体的触摸；

（4）具有高品质的手写输入。

2004 年，RPO 有限公司就将这一技术应用于高容量、低成本的电子产品之中。2011 年，苹果公司与三星公司都提出了要购买 RPO 有限公司的光触控技术专利，从而在光触控市场上抢占先机，掌握了主动权。可见，RPO 有限公司的光触控技术获得了商业化的成功。

资料来源：http://www.eetrend.com/news/100025823.

【案例启示】目前，世界正在经历着一场技术的革新，而技术革新的基础是新兴技术的不断崛起。新兴技术能够带动行业结构的不断变革，促进行业价值的不断提升，并且对社会经济以及企业生产经营具有重大的意义和深远的影响，是以往任何技术都无法比拟的。

本章您将了解到：
- 新兴技术的概念、特征以及管理方式
- 新兴技术商业化的影响因素
- 新兴技术的盈利分析

第一节　新兴技术概述

新兴技术，完全不同于一般的技术，具有"创造性毁灭"的特质——它们可以创立一个新行业或者改变一个老行业，改变企业价值链结构，改变辅助价值链，并且重新定义其业务范围。

——纳雷安安

一、新兴技术的内涵

有谁会想到互联网会在今天以这种燎原之势风靡全球？无线通信技术蓝牙是一种新兴技术还是一种过时的技术？高速度通信技术 3G 会成为通信技术的主流，还是要被未来出现的 4G 所代替？这些问题都不单是技术问题，而且是管理问题，这就是新兴技术管理。

要理解新兴技术，首先要对几个相关的概念加以区分。易混淆的几个概念为：高技术、新技术、高新技术以及新兴技术。

（一）高技术

高技术是指在最新科学研究与科技成果的基础上产生的技术。高技术是一种知识密集型技术，能够有效地促进社会生产力的提高。

（二）新技术

新技术是指某个科学领域内刚刚出现的、具有一定价值的前沿技术。如秸秆回收和利用技术，用秸秆生产建筑材料、简易餐具等就是一种新技术而非高技术。

（三）高新技术

高新技术是指高技术和新技术相结合的技术，如蓝牙技术，既是高技术又是新技术。

（四）新兴技术

新兴技术是指出现不久、正在发展或未完成商业化进程的，能够对产业结构、社会经济及竞争市场产生重大影响的高新技术。

新兴技术包括以下三方面内容：

（1）新兴技术出现的时间不长且通常处于初级发展阶段。在多数情况下，处于初级阶段的新兴技术只能在理论上取得成功，或其技术成果只在较少的领域内得到应用。

（2）新兴技术能够为目前的行业带来巨大的变化，甚至创造一个新行业或者毁灭一个老行业。

（3）新兴技术是一种高新技术，它能够为市场带来先进的技术产品或技术服务。

【拓展阅读】

新兴技术的来源

（1）某科学领域的研究突破。

（2）若干学科的交叉融合。

（3）处于不同领域内的技术的集成。

（4）能够带来更大创新机会的技术发展成果。

二、新兴技术的特征

通过以上分析发现，新兴技术不仅具有高新技术的特征，还具有其他方面的特征，如图 10-1 所示。

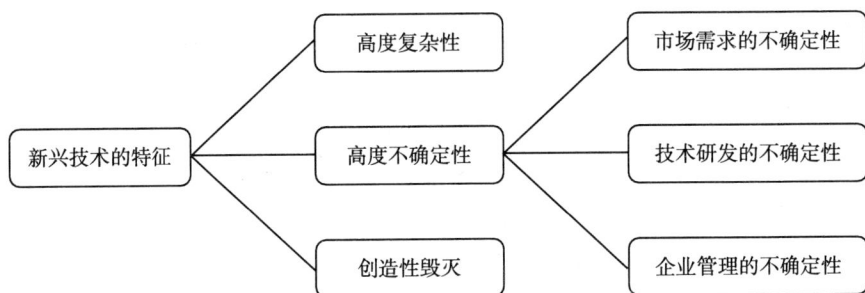

图 10-1　新兴技术的特征

（一）高度复杂性

新兴技术不同于其他技术，它的来源具有复杂性与多样性。新兴技术来自于若干学科的交叉融合，不同领域技术的结合或边缘技术与传统行业的集成。新兴技术来源的复杂性与多样性使新兴技术呈现出高度复杂性的特点。要理解与掌握高度复杂的新兴技术，并将这些新兴技术应用到企业中，就需要企业技术人员具有强大的学习能力，不断吸收新的知识，运用新的知识。

（二）高度不确定性

1. 市场需求的不确定性

企业开发新兴技术可能会面临不被市场接受的风险。新兴技术能否被市场接受和认可是不确定的，它不仅仅取决于这种新兴技术的技术含量，同时还取决于现今市场的环境以及市场的发展趋势。如虚拟存储技术在刚出现时受到很多人的热捧，但是过了一段时间之后却无人问津；相反，互联网技术刚刚出现时几乎无人关注，认为它只适用于军方，但是如今它却风靡世界，并且改变了人们的生活方式。

2. 技术研发的不确定性

新兴技术的研发具有不确定性。首先难以确定新兴技术的应用前景。一项新兴技术最初出现时，人们难以确定它到底有多大的用途，更难以预测它的最终应用范围。如 20 世纪 60 年代美国国防部为了保障计算机系统工作的不间断而建立阿帕网，阿帕网当时仅仅应用于军方，后经各方不断地扩展和完善，使其成为如今风靡全球的互联网。

其次，新兴技术的研发成功概率及成功时间也是不确定的。新兴技术是边缘性的技术，它需要大量跨学科的科学理论和技术实践的支持，因此这也加大了新兴技术研发的难度，使新兴技术研发的成功概率变得不确定。同时，新兴技术研发成功时间也是不确定的。新兴技术研发成功的时间不仅受到相关技术条件的限制，还受到企业内部的管理能力、组织框架、创新能力、研发能力、研发资金等因素的影响，因此难以确定新兴技术何时能够研发成功。

最后，不确定新兴技术是否能够取得商业化成功。新兴技术研发的最终目的是实现其商业化，而新兴技术的商业化受到多方面因素的影响，如市场、资金、竞争对手等，从而使新兴技术的商业化面临着巨大的不确定性风险。

3. 企业管理的不确定性

新兴技术不同于其他技术，它具有高度复杂性，而且其市场需求及技术研发过程都充满着各种不确定的因素，因此传统的管理方式已经难以适应当今新兴技术的发展要求。企业要推动新兴技术，就必须根据实际的技术环境，转变传统的管理思维，改进落后的管理方式，改革技术组织框架，为新兴技术的发展创造一个良好的平台。

（三）创造性毁灭

新兴技术能够对当前的行业结构及社会经济产生重大的影响，甚至能够创造一个新行业或毁灭一个老行业，并且改变了当前企业的价值链结构，对原来的行业带来了巨大的冲击。如网络技术的产生和发展，使大量网上订票、网上支付、B2B 交易网站、B2C 交易网站、C2C 交易网站等新行业不断涌现，从而对传统的票务企业、金融机构、贸易机构、零售商店等产生巨大的影响，使这些行业不得不转变原有的运营模式。又如，数码技术的出现几乎毁灭了胶片生产行业；移动电话及短信技术的出现让寻呼业走向末路；U 盘及移动硬盘的出现让软盘无法在市场上继续生存。

三、新兴技术的管理方式

新兴技术具有高度复杂性、高度不确定性及创造性毁灭这三个特征，因此与其他技术相比，新兴技术的管理更为复杂和困难，因此企业要在传统技术管理的基础上不断改进管理方式，使管理方式适应新兴技术的要求，并进一步促进新兴技术的发展。新兴技术的管理方式主要如下：[①]

(一) 制定灵活的技术战略以应对新兴技术的不确定性因素

新兴技术是高度不确定的，且难以控制，因此一成不变的技术战略难以适应新兴技术的管理要求。为了应对新兴技术的不确定性，企业应该基于新兴技术的技术特性、行业特征、市场需求等要素制定灵活的技术战略，并根据技术环境及竞争环境的变化，灵活地调整技术战略，从而使企业能够充分地发挥技术优势，不断提高竞争力。如当企业的新兴技术发展稳定并具有垄断优势，且行业竞争者较少时，企业可采取技术领先战略；当新兴技术商业化进程中充满各种不确定性因素且行业竞争者十分强大时，企业可采取技术跟随战略以规避风险，减少损失。

(二) 建立新型的组织结构

新兴技术不同于传统的技术，它对组织结构提出了更严格的要求，传统的组织结构已不再适应新兴技术，甚至牵制了新兴技术的发展。新兴技术组织结构要

---

① 鲁若愚，银路.企业技术管理 ［M］.北京：高等教育出版社，2006.

以不断变化的环境为基础，并且能够更加敏捷、更加快速地适应环境的变化，促进技术产品的更新及技术商业化的发展。本书第七章第三节曾提及六种新兴技术组织模式，即虚拟组织、网络组织、孵化组织、前后组织、试探—回应组织、左右逢源组织。实践证明，这六种新型的组织结构能够符合新兴技术的发展要求，并能有效地提高新兴技术管理的效率。

（三）加强组织学习及知识管理

随着技术突飞猛进的发展，客户需求日趋多样性，企业所处的环境也不断地发生着各种变化，若企业的新兴技术管理方式一直保持一成不变，企业的技术就会逐渐变得落后，最终受到淘汰，退出市场。企业的新兴技术管理必须要做到与时俱进，使技术水平及管理水平都能够与环境的变化保持一致，同时还需要通过加强组织学习及知识管理以提升企业的学习能力与创新能力，从而不断将新知识转变为新的技术突破，使新兴技术更具有先进性及前瞻性，以推进企业的持续发展。

（四）加大力度推动新兴技术商业化进程

企业新兴技术管理的重点在于让新兴技术从实验室走向市场，实现盈利。新兴技术只有实现了商业化，才能得到广泛的应用，才能为企业创造价值，因此企业应加强新兴技术的投资力度及推广力度，不断推动新兴技术商业化进程，并建设相应的盈利模式，将新兴技术转化为企业的利润。

【案例10-1】

生物芯片新兴技术

生物芯片技术是继半导体芯片后芯片技术的又一重大发展。生物芯片技术是一项多学科融合的新兴技术，其涉及生化知识、光电子技术和计算机科学。

生物芯片的概念来自计算机芯片，生物芯片通过并行反应携带高通量的生物信息。与传统仪器相比，用生物芯片制作的各种生化分析仪具有无污染、分析过程自动化、分析速度快、所需样品和试剂少等诸多优点。这类仪器能够广泛应用于疾病诊断、新药开发、司法鉴定、食品卫生监督、航空航天等领域。因此，生物芯片技术受到了越来越多的科学家、投资商和政府的重视，并成为各国学术界和工业界所瞩目的一个研究热点。

资料来源：银路，王敏.新兴技术管理导论［M］.北京：科学出版社，2011.

第二节　新兴技术的商业化及盈利分析

技术创新和新兴技术是企业家抓住市场的潜在盈利机会，以获取商业利益为目标，重新组织生产条件和要素，建立起效能更强、效率更高和费用更低的生产经营系统。

——傅家骥

一、新兴技术商业化

一项新兴技术无论多先进，发展潜力多巨大，或是市场前景多广阔，但如果这一新兴技术没有实现商业化，企业就无法将这一技术创新转化为利润，那么这一新兴技术就没有任何意义。新兴技术和其他技术一样，不仅要具有技术先进性及可靠性，而且还要能够为企业带来利润，为社会创造价值。

新兴技术商业化是新兴技术由理论研究阶段发展到技术产品的生产、销售及盈利阶段的过程。新兴技术具有高度复杂性及不确定性，而且出现的时间不长，或正处于发展的初级阶段，缺乏商业化的借鉴经验，因此与其他技术的商业化相比，新兴技术商业化的难度更大，面临的挑战更为严峻。

总的来说，新兴技术商业化主要受到三方面因素的影响，即补充性资产因素、客户因素和竞争因素。①

（一）补充性资产因素

补充性资产是一种将某技术引入市场的额外资产，其中包括客户关系、与供应商的关系、分销渠道、服务水平及补充性产品等。补充性资产是企业独特的资产，使企业的竞争对手难以获取或复制，并能够有利于企业将新兴技术转化为经济收益。企业在推行新兴技术商业化进程时，应明确目前拥有哪些补充性资产，其中哪些补充性资产对新兴技术商业化具有价值，哪些补充性资产能够为企业带来长远的技术优势，同时企业还需要清楚地了解其目前还缺乏哪些补充性资产以及如何获取这些补充性资产等。

（二）客户因素

新兴技术只有以客户需求为基础，才能够得到进一步商业化的发展。客户的需求会随着技术的发展而发生相应的变化。新兴技术不仅能够创造一个新行业，而且还可能会创造一个具有新需求的客户群体，并对目前市场现有的客户群产生一定的影响。企业对新兴技术推行商业化时，需要对客户因素进行综合分析，平衡现有客户与新客户群体的关系，并促使更多客户接受这一新兴技术。

（三）竞争因素

在商业化过程中，新兴技术无可避免地面临着各种市场竞争的挑战，市场竞争为企业带来了一定的威胁。当某一新兴技术进入市场时，行业竞争者就会快速地采取应对措施，例如，研发相似的技术或从该新兴技术中发掘新机会等，从而使企业承受一定的经济损失。企业推行新兴技术商业化时，应该对竞争因素进行细致的分析，明确哪些行业的竞争对手会涉足这个市场，这些竞争对手会对企业产生何种影响，企业应该如何应对等。

---

① 乔治·戴，保罗·休梅克. 沃顿论新兴技术管理 [M]. 北京：华夏出版社，2002.

【案例 10-2】

BIM 技术盈利新模式

BIM 是新兴的信息化建筑模型技术，目前该技术在建筑设计行业中得到了广泛的应用。利用 BIM 技术创造新的盈利模式，能为企业带来全新的价值。BIM 技术要成功实现盈利主要有两个关键：

1. 明确 BIM 的应用价值，建立正确的目标

BIM 技术是一项能与传统二维 CAD 流程并行的技术。BIM 技术能够部分替代现有的 CAD 工作流程，提高现有工作的效率和设计的效果，并能完成二维图纸不可能完成的事情，如四维模拟、LEED 认证分析、可持续分析、运营模型数据提供、招投标信息提供等。由此可见，BIM 技术具有巨大的应用价值。只有建立了正确的目标，企业才能利用 BIM 技术实现盈利。

2. 循序渐进地推动 BIM 技术

BIM 的实施应从具体项目入手。BIM 应用包括三个层面，即个人层面、项目层面、企业层面。BIM 实施应该把这三个层面同时调动起来。通过相关培训，增强个人的 BIM 应用能力，从而推动 BIM 项目的实行，最终使 BIM 上升到企业层面的高度。

资料来源：http：//www.chinabim.com/school/arch/2011-04-12/2103_4.html.

二、新兴技术的盈利分析

新兴技术商业化的实现离不开补充性资产、客户以及竞争这三方面影响因素，只有控制好这三个因素，才能使新兴技术顺利地进入市场，取得广泛应用。而对于企业而言，他们更关心的是新兴技术能否盈利，能否为企业创造更大的经济收益，因此新兴技术的盈利是企业推行新兴技术商业化的重点。要实现新兴技术商业化的盈利，企业除了采取一般的战略手段外，还要做到以下三点：

（一）有效地管理和控制补充性资产

补充性资产是企业将新兴技术引入市场的独一无二的资产。企业要实现新兴技术的盈利，就需要对其补充性资产进行有效的管理和控制。如若某一新兴技术需要采用特定的原材料才能够生产，以及需要特定的分销渠道才能进入市场，对此，企业则可加强与特定供应商的关系管理，并对特定的分销渠道进行有效的控制，从而掌握了这两项补充性资产的使用权，使其他竞争对手难以进入这一新兴技术的市场。有效地管理和控制补充性资产能够使企业获得难以超越的竞争优势，并创造巨大的经济收益。

（二）采用法律手段或其他手段保护新兴技术机密

新兴技术的垄断控制有利于企业扩大市场份额，获取盈利，而新兴技术的垄断控制离不开对新兴技术机密的保护。为了有效地保护新兴技术机密，企业需要建立一个完善的技术机密保护机制，采取相应的法律手段或其他手段，打造一道竞争对手难以逾越的技术关卡。在实际操作中，企业通常会以申请专利权的方式来保护技术的知识产权，从而在行业中建立垄断地位。

【案例 10-3】

克隆动物技术的专利之战

如今，克隆动物技术取得了巨大的进步，克隆技术市场有着无限的发展空间。然而，一个不容忽视的事实却摆在面前：究竟谁能获得克隆核心技术专利权。

美国有三家公司在克隆动物技术方面实力雄厚，它们分别是先进细胞技术公司、基龙公司和无限基因公司。它们都声称掌握了克隆动物的核心专利技术，争夺核心专利权之战主要在这三家公司之间展开，并且愈演愈烈。

2002 年 1 月，基龙公司提出申请，要求先进细胞技术公司撤回一项重要的克隆动物专利，因为这项技术是基龙公司发明并首先使用的。此后，基龙公司继续向美国专利局提出抗议，认为无限基因公司对动物克隆专利的申请与其专利权发生冲突。与此同时，为争夺同一项核心技术专利权，无限基因公司与先进细胞技术公司也陷入了官司之争。有关人士预计，这三家公司的官司可能要再经过几年，才能得出结果。

"垄断一项技术，就垄断了一个产业"，企业在开发新兴技术的同时就应注重专利权的争夺，这是一项重要专利战略。

资料来源：克隆技术专利权到底属谁 [J]. 中国禽业导刊，2002（8）.

（三）保持时间领先，把握技术启动时机

当今技术市场的竞争前所未有的激烈，企业要从竞争中脱颖而出，就必须先人一步，取得新兴技术的研发成果，并将新兴技术推向市场，获取时间领先优势。时间领先能够使企业在竞争对手采取行动之前就获取一定的市场份额及收益，同时还能利用这段领先的时间获取及控制相应的补充性资产以及采取相应的措施保护技术机密，使竞争对手无所适从。要实现新兴技术的盈利，企业不仅要具有时间领先优势，还要把握正确的时机启动新兴技术的市场应用。时间领先和准确把握技术启动时机都是可以在新兴技术的萌芽阶段到商业化运作的全过程中采用的策略。

【案例10-4】

施乐的问题

施乐公司是全球著名的复印机生产企业，一度被誉为20世纪美国技术发展的希望所在。然而，2000年12月1日，施乐开始进行大裁员，且其股票下跌了20%，达到了18年来的最低点。同年的12月14日，施乐公司迫于无奈，以5.5亿美元的价格将其设在中国的业务卖给了"富士施乐"公司。

曾经辉煌一时的施乐公司竟落到如此地步，确实让人们费解。

施乐是个新兴技术发明型的公司，早在1979年前，施乐的研究人员就开发出一种类似于现在使用的视窗菜单式图文用户界面技术，但当时施乐并没有将这一技术转化为产品，而是将其局限于实验室中。如今当我们使用电脑视窗界面的时候，有多少人会知道这原本是施乐的发明呢？

美国一些企业管理专家认为，施乐的问题在于错过了技术的最佳启动时机以

及忽视了技术转移，使技术转化为产品的这一环节出现"卡壳"现象，因而丧失了市场竞争优势。

资料来源：http://www.people.com.cn/GB/paper68/2251/357498.html.

本章小结

新兴技术是指出现不久、正在发展或未完成商业化进程的，能够对产业结构、社会经济及竞争市场产生重大影响的高新技术。新兴技术主要具有三个主要特征：高度复杂性、高度不确定性、创造性毁灭。与传统技术相比，新兴技术的管理更为复杂，更具有难度，因此企业要在传统技术管理的基础上不断改进管理方式，并进一步促进新兴技术的发展。

新兴技术商业化是新兴技术由理论研究阶段发展到技术产品的生产、销售及盈利阶段的过程。新兴技术商业化主要受到三方面因素的影响，即补充性资产因素、客户因素及竞争因素。而对于企业而言，他们更关心的是新兴技术能否盈利，要实现新兴技术商业化的盈利，企业除了采取一般的战略手段外，还要做到三点：有效地管理和控制补充性资产；采用法律手段或其他手段保护新兴技术机密；保持时间领先，把握技术启动时机。

第十一章 技术开发与管理发展的新趋势

开篇案例

英利的绿色能源技术

英利绿色能源控股有限公司是全球知名的光伏产品制造企业，其拥有从硅料、多晶硅铸锭、切片、电池片、电池组件到光伏应用系统的全球化产业链。作为一家对生态环境高度负责的可再生能源公司，长期以来，英利公司都顺应着技术发展的新趋势，坚持技术创新，并致力于发展绿色太阳能光伏技术，从而走出了一条技术生态化、创新化、全球化的发展之路。

2009 年，英利公司在海南投资建设太阳能光伏产业基地，采用清洁环保的生产技术，打造英利生态工业园。2010 年，英利公司成立了太阳能光伏发电技术国家重点实验室。该实验室主要从事完整产业链的太阳能电池与光伏组件、晶体硅光伏材料、光伏发电系统的研究。

经过研究人员的不懈努力，英利公司的技术创新达 300 多项，累计生产的太阳能电池组件总量高达 1GW，并分布于全球各地的光伏发电系统，向全社会提供了超过 30 亿度的清洁电力，为全球节能减排做出了巨大的贡献。

资料来源：清洁能源和谐发展——英利绿色能源控股有限公司履行社会责任纪实 [J]. 中国总会计师，2010（88）.

【案例启示】在新时代的技术浪潮下，生态化、创新化、全球化已经成为技术开发与管理发展的新趋势。企业只有时刻把握技术发展的新趋势，跟上技术发展的脚步，才能在日益激烈的技术竞争中脱颖而出。

本章您将了解到：
- 技术生态化的作用
- 技术创新化的主要内容
- 技术全球化的基本内容

第一节　技术生态化

技术生态化为企业带来利润，也为环境带来了幸福。

——佚名

技术是经济、社会发展的驱动器，为人类带来了丰富的物质财富和精神财富，为经济、社会发展做出了巨大的贡献。然而，技术被我们由衷地称赞时，我们也不得不深思另一个问题，即技术在促进经济、社会发展的同时也对人类赖以生存的生态环境产生了一系列负面影响。当我们面临当今生态问题的严重性时，我们需要重新审视人与自然的关系，反思技术。我们内心知道，生态化是技术发展的趋势，技术只有走生态发展之路，才能实现人与自然的和谐发展。

技术生态化是指利用生态思想指导技术的研发和应用，使技术工艺符合生态规律，实现技术应用过程中资源节约、环境美化、社会和谐，最终促进社会可持续发展。技术生态化是当今社会的发展趋势，也是社会发展的必然要求。一般来讲，技术生态化的作用体现在以下几个方面：

一、有助于社会可持续发展

社会可持续发展是一条不同于以往的新的发展道路，它强调转变现有的经济发展方式，从粗放式发展向良性循环的集约型经济方式转变。技术生态化的宗旨是降低技术对自然环境的破坏，即一方面资源最大限度地转化为产品，另一方面则是使转化过程中排入自然环境的废弃物最小化，以实现资源节约、环境美好的生态和谐局面，因此技术生态化有助于社会可持续发展道路的实现。

二、有助于落实科学发展观

科学发展观强调人的全面、协调、可持续发展，最终实现人与社会、人与自然的和谐相处。技术生态化有助于以最少的资源牺牲获得最多的产品，提高资源使用效率，保护自然环境。因此，技术生态化有助于社会落实科学发展观。

三、有助于生态文明的建设

随着人类社会的发展，人类文明已经历了农业文明、工业文明，现在要进入生态文明社会，即以生态化引导社会发展。技术生态化有助于人们在技术研发和应用中树立生态观念，倡导生态消费，更好地建设生态文明社会。

【案例 11-1】

大众汽车的低碳行动

一直以来，大众汽车以"绿色生产"理念指引企业的生产经营。大众汽车集团开发出全球领先的 TSI+DSG 动力总成技术，是大众低碳生产的最佳体现。

与普通的汽油机相比，TSI 涡轮增压直喷汽油发动机耗油更少，动力性能更强。DSG 双离合自动变速箱是大众汽车另一项全球领先的技术，它不仅比传统的自动变速箱更省油，而且还可以通过无牵引力中断换挡，保证了驾驶的动力性。因此，结合这两项技术的大众汽车，车辆的油耗和排放降低了20%以上。

　　大众集团深知：技术的发展必须要为生态化的环境服务，不能以牺牲环境为代价。大众汽车在技术生态化道路上不断创新与探索，不仅给大众带来了新的盈利增长点，还为大众树立了良好的社会形象。

　　资料来源：http://car.tianjinwe.com/content.aspx.

第二节　技术创新化

距离已经消失，要么创新，要么死亡。

——托马斯·彼得斯

　　资本在企业的运作中永远跳不出边际效益递减的规律，这就证明钱会变得越来越难赚；但是技术却相反，技术可以不断增加企业的边际效益，因为技术进步是层层递进的，没有终止。事实上，人类社会的每一次进步都是由技术推动的，而不是金钱。所以说，除了技术创新，企业别无选择。创新不一定成功，但如不创新，等待企业的，则必然是失败。

　　技术创新不仅仅是指开发出一种新技术，而是指新技术从设想到市场推广的全过程，包括产生新技术的设想、新技术研发过程、新技术商业化过程等一系列活动。技术创新涵盖了科技、经济一体化过程，包括技术开发和技术应用两大环节，是技术进步与创新应用共同催生的产物。技术创新的最终目的是实现技术商业化与扩大市场份额。

　　技术创新是一个复杂的系统工程，既可以由单一企业独立完成，也可以由多家企业联合完成，或者企业与高等院校和科研机构联合完成。不论技术创新以何种方式进行，都离不开企业的参与，因为技术创新是以技术商业化成功为前提的，只有企业才能完成技术的商业化过程。技术创新方式因人而异，因为各家企业的创新环境、企业规模、资金实力、市场地位等因素都不尽相同。一般来讲，企业规模较大，或者是跨国公司都是自己建立技术研发中心，营造技术研发的氛围和有效机制。而较小的企业，主要是与科研机构、高等院校联合开发技术，或者直接承接技术开发成果，并建立技术商业化流程和有效机制。

技术创新是技术与经济的结合体，不能分开认识，否则会犯以偏概全的错误。这里所说的技术是指技术开发，经济是指技术商业化。技术创新只有在技术方面和经济方面都获得成功，才可能全面获得成功，因为技术创新并不是技术和经济的简单相加，不是 $1 + 1 = 2$，而是 $1 + 1 > 2$，即技术和经济的创新结合体。技术创新需要技术和经济有机结合，成为一个整体，在这个整体中，不仅要考虑技术研发的可行性，还要考虑市场的可行性，即技术是否可以商业化成功。因此，技术创新不仅要以技术为指导，还需以市场为导向。市场引导技术的大体发展方向，技术本身决定技术商业化的可能和程度。通过以上分析发现，只有把技术研发与技术商业化进行结合，才能构成一个完整的技术创新过程。

【案例 11-2】

甲骨文公司全面集成的软硬件系统引领技术创新

在日益激烈的竞争环境下，创新已经成为推动企业业务发展和提升其竞争力的核心要素。甲骨文公司就是技术创新的先驱者，并且甲骨文公司对技术创新如何引领企业业务创新有自己独特的见地。甲骨文公司通过推出全面集成的软硬件系统，从而帮助企业实现了要为顾客提供最佳软硬件集成产品及解决方案的承诺。

1. 系统和设备的集成

甲骨文公司始终把为客户提供全面、开放的产品组合作为公司的目标。此外，甲骨文公司继续投身于 Solaris 和 Linux 操作系统，不断对系统进行优化，从而满足顾客的要求。

2. 应用软件提供全面的解决方案

甲骨文拥有企业所需的最全面的应用软件，如企业资源计划（ERP）、客户关系管理（CRM）、人力资本管理（HCM）等。同时，甲骨文对各个行业有深刻的理解，可以为企业提供丰富的解决方案，并且可以与甲骨文的软硬件系统以及第三方进行全面集成。更重要的是，甲骨文可以帮助企业开发有企业特色的产品。

3. 全方位云计算的应用

利用其全面的解决方案和集成化的系统，甲骨文能为企业提供云计算平台和管理产品，将公有云、私有云及混合云结合起来，为客户提供全面、可供自由选择的云产品。

正是因为甲骨文持续的技术创新使其成为世界领先的信息管理软件供应商和仅次于微软的全球第二大软件公司。

资料来源：http://tech.qq.com/a/20111109/000345.htm.

第三节　技术全球化

全球化是一把双刃剑，必须谨慎地对待它。

——佚名

随着"地球村"概念的提出，世界经济日趋走向一体化。从深度上讲，全球贸易总额在不断增加；从广度上讲，一体化涉及的经济活动也越来越多，除了企业的生产制造、市场营销、人力资源外，还包括战略制定、技术创新等活动，因此技术全球化正成为企业发展的趋势。

技术全球化得益于全球一体化的经济活动。在经济一体化的推动下，企业的技术发展呈现出全球化的发展趋势。技术全球化是一种双赢的博弈，通过各个国家的联合开发，可以使每个国家获得益处。因此，那些具有技术壁垒的国家已经落伍，不能只支持本国家的技术创新，应使技术创新受到全球市场力量的推动。

从技术发展角度看，技术全球化的基本内容如下：

一、技术发展在全球化过程中有着重要的促进和推动作用

在大发现时期，航海技术的出现推动了简单的商业活动全球化。在当今时代，互联网的出现为全球化活动奠定了基础。下面简单介绍为全球化做出贡献的里程碑事件：1858年电报成功跨越大西洋，标志着全球网络的开端；19世纪末期无线电通信技术的出现，使世界进入一个简单的全球化时代；1950年喷气式飞机的发明，使世界步入了全新的全球化时代；1957年人造地球卫星的成功发射，更成为全球化历史中最重要的里程碑；19世纪70年代互联网的出现，成为当今经济全球化的重要基础，也是技术全球主义流行的基本前提。

二、全球化的技术研究开发正在形成

技术创新需要软硬件的支持，硬件是指丰富的信息资料和先进的实验设备，软件是指技术研发的氛围和高技术人才，因此技术创新大多在发达国家或地区进行，因为只有发达国家或地区才具有这些软硬件。但是由于信息网络的发展，这种技术研究的区域隔阂正逐渐被打破，如发展中国家可以通过信息技术获得前沿的信息资料和科研成果，并通过互联网与高技术人才进行交流和讨论，完成技术创新活动。因此现在一个研究项目可以吸引到全球的高技术人才参加，并在全球范围内研究，充分利用各个地域的优势，展开全球化研究活动。

三、全球化的技术格局正在形成

技术具有扩散特点，随着跨国公司的经济活动，技术从母国扩散到其他国家

或地区，而这种技术扩散反过来又推动了跨国公司的全球市场推广。从技术扩散的路径来看，一般技术都是从发达国家通过贸易活动扩散到发展中国家，形成技术互补的关系。

【案例 11-3】

CAE 技术的全球化

CAE（Computer Aided Engineering）技术即计算机辅助工程，今天已经成为众多行业至关重要的技术手段。近 10 年来，CAE 技术通过软件提供商和商业流通渠道，成为发达国家产品造型、医药化工、新材料开发、人机工程等各领域广泛采用的数字化虚拟仿真平台。

目前，一些先进的技术都来源于美国等发达国家，所有核心技术凝结了众多科学工作者的心血。发展中国家也在技术的完善上为 CAE 技术做出了贡献。从这个意义上讲，在 CAE 技术的差异方面，发展中国家与发达国家的区别并非是技术研究与开发，而是对于技术需求的迫切性。发达国家各个领域迫切需要新技术，这就刺激了技术的开发，而发展中国家则缺乏技术原创的动力及培植 CAE 技术迅速发展的环境。

随着经济、信息的全球化和一体化，技术全球化也带来了深远的影响，发展中国家可以更好地利用发达国家的技术成果，能更好地与发达国家进行技术交流。这时发展 CAE 技术是发展中国家的有利时机。但是面对 CAE 技术全球化时，发展中国家需要注意：一是面对西方成熟的 CAE 技术，要有勇气发展自己的应用研究，结合国内的实际，不能一味盲目的模仿；二是对自己的现有技术能力有清晰的认识，要量力而为，不能急功近利。

资料来源：贺鹏飞. CAE 技术的全球化 [J]. 计算机辅助工程，2008（1）.

本章小结

本章着重介绍了技术开发与管理的新趋势。在新兴的技术开发与管理的发展过程中，首先，要实现技术的生态化，技术开发在获得经济效益的时候，也要以有益于环境为目标；其次，在技术开发与管理的过程中，要更加体现创新化，只有创新才能实现不断的发展；最后，随着全球化脚步的加快，"闭门造车"已经不能适应现代潮流，企业技术开发与管理要时刻注重与国际接轨，实现技术的全球化。

第十二章 技术开发与管理的哲学与艺术

善于模仿的猴子

树林里有一群聪明的猴子，它们动作灵敏，善于模仿各种行为。一天早上，这群猴子坐在树上聊天。这时来了一个猎人，只见他在地上布好罗网，然后在草丛里不断打滚。这群猴子对此议论纷纷："瞧，这人在做游戏呢！""对啊，他的游戏看上去真好玩，他一会儿往那翻，一会儿朝那滚，真有趣！""要不，我们等他走了，也学他那样去玩吧！我们这么聪明，绝对能模仿得好。"

不一会，猎人就离开了。于是，这群猴子马上从树上跳下来，滚到猎人的罗网里，模仿起猎人的动作，并进行比赛，看谁模仿得最像。玩着玩着，这群猴子就觉得不对劲了，它们发现自己已经被紧紧地捆在罗网里，不能出去了。这时，猎人走了出来，把这群猴子一个一个地抓住了。

资料来源：http://vip.book.sina.com.cn/book/chapter_163677_107930.html.

【案例启示】目前，许多企业进行技术开发是靠模仿和学习先进的竞争对手而起家的，但是单单凭借模仿别人，而没有进行技术创新，没有掌握核心技术的话，就会像案例中的猴子一样，因为单纯的模仿，而使自身陷入困境。由此可见，技术开发与管理必须要以创新为本，必须做到人无我有、人有我好、人好我新。

本章您将了解到：

● 产品创新的诀窍

● 善用技术人才的主要内容

● 抢先一步与迟人半步策略的选择

第一节　人无我有、人有我好、人好我新

凡战者，以正合，以奇胜。

——孙子

商场如战场。可以把"正"理解为企业的常规产品，把"奇"理解为新产品。企业在商场中竞争时，必须以常规产品与竞争者正面交锋，利用新开发的产品战胜竞争者，占领市场。可见，创新在企业中占据着举足轻重的地位。

在企业创新中，技术创新是灵魂，产品创新是结果。产品创新的依据是市场的需求，因为产品只有投放市场才能得出最终的评定。一般来讲，产品创新的诀窍有以下四种方式：

创新之一："一见钟情"。大多数产品与人民的生活息息相关。要经常变新，应博采众长，设计出千姿百态、趣味盎然的佳作，这样才能有吸引力，让消费者"一见钟情"。

创新之二："投其所好"。平常要了解商情信息，善于在揣摩消费者的需求中瞄准行情，即根据社会各个层次、各种对象的不同消费心理、消费习惯及其爱好，不断地调整产品结构、品种样式，生产投其所好的新产品，做到产品设计跟着市场转、随着时代潮流走。

创新之三："老戏新唱"。企业可以把样式陈旧、销路不好的老产品进行重新

设计，翻新出新的花样，重新吸引消费者。

创新之四："标新立异"。产品要别具一格，标新立异，这样才能保证自己的产品在市场竞争中站得住脚。

产品创新是企业生存与发展的需要。一个企业要想生存和发展，首先必须经常保持旺盛的生命力。这种企业活力重点表现在其所生产的产品上，即生产的产品是否为社会所需要、是否适销对路、是否适应市场需求的变化。按照产品寿命周期的原理，每种产品都要经历萌芽、成长、成熟和衰退四个阶段，不可能长命百岁。因此，作为产品创新的先导——技术创新，其需要不断发展，以促进产品创新，并时刻做好开发新产品的准备，否则企业的发展会受到阻碍，其产品也会在竞争中被淘汰。

【拓展阅读】

如何从消费者心理创造产品竞争力

（1）保健型，产品对人体具有保健功能。

（2）吉祥型，产品含有吉祥如意的内涵和意义。

（3）多功能型，产品的功能多种多样，可以方便消费者使用。

（4）组合型，产品具有节约原材料、减少占地面积、款式新颖、用途多样化等优点。

（5）优质感型，产品的外观、手感与天然物很接近，而使用性能又优于天然物质。

（6）便捷型，产品的体积微小、结构轻巧玲珑、携带方便。

（7）系列型，由一种产品发展成为一系列同类产品，做到系列化。

（8）高档型，向高档发展，雍容华贵，以高贵典雅取胜。

（9）安全型，安全可靠，没有潜在的污染和危害。

在总结产品生产和产品创新时，本书认为，企业生产的产品要想始终占领市场必须做到：人无我有、人有我好、人好我新，把创新作为产品生产的最高层次。

那么，如何构想新产品呢？其原则是：满足社会需要，符合国家技术经济政策，追赶时代潮流，做到技术适宜、经济合理、通用、标准、系列化。具体可以采取的方法有：爆冷门；增功效；利需要；投其好。

任何一家企业最根本的生存之道就在于生产适销对路的产品，所以必须把主要精力放在产品的创新上。

第二节 善用技术人才

人的价值蕴藏在人的才能之中。

——马克思

《史记·高祖本纪》中曾记载，汉高祖刘邦获得天下之后，对手下说道："夫运筹于帷幄之中，决胜于千里之外，吾不如子房；镇国家、抚百姓、给馈饷、不绝粮道，吾不如萧何；连百万之军，战必胜、攻必取，吾不如韩信；此三者皆人杰也，吾能用之，此吾所以取天下也。"同时，他还不忘嘲笑与他争霸天下的楚霸王项羽："项羽有一范增，而不能用，此其所以为我擒也。"由此可见，成功的领导者并不是万能的，并不是什么都懂，什么都可以亲自做到，而是知道手下每个人的长处，而后为其任之。

当今，企业之间的技术联盟都很看重资源共享，而人力资源是其中非常重要的一个部分。对于技术型企业，技术人才是最宝贵的。企业获得了技术人才，就等于掌握了核心技术，获得了市场。

孙子说："故善战者，求之于势，不责于人，故能择人任势。"这句话的意思是说，军队打仗的时候，善于作战的将军，总是注意运用有利于自己获得胜利的形势，不对部属进行责备，因此他能够很好地量才用人，从而获得决定全面胜利的主动权。

对于企业而言，技术人才一般在某一方面具有突出的优势，适合担当某些特定职位。如果企业发扬技术人才的长处，运用技术人才的优势，可促使技术人才成为有用之人；而抑制技术人才的长处，运用技术人才的劣势，就促使技术人才成为碌碌无为之人。如果企业埋没了一个人最有价值的长处，就是对人才的摧残，这也是企业的悲哀。可见，善于识才用才者，他本身就是一个大德大才之人。在企业的实际用人中，人们常常因为在观念上存在盲区而不能因才适用，使人才不能得以充分发挥其才能。一个人的最大长处在数量上可能只有一个，但倘若用得好，就能够给企业带来巨大的经济效益。

从实践中来看，技术人才属于专业人才，他们在马斯洛需求层次中都处于第四层以上，他们追求的不仅仅是物质奖励。企业要想留住技术人才，无论是用强制的办法，还是用物质奖励的办法，都不如以心换心。这种办法的基本原理是：人心都是肉长的，人心都可以相通，心相通一通百通，思想问题解决了，其他一切问题都会迎刃而解。而且人的精神灵魂的力量是不可估量的，以心换心，可以"四两拨千斤"。这种留住技术人才的方法才是治根治本的方法。

第三节　抢先一步与迟人半步

先人一步，捷足先登。

——佚名

《孙子兵法》有云："乘人之不及，由不虞之道，攻其所不戒也。"也就是说，在军事行动中，要做到捷足先登，速战速决，才能取得先机，立于不败之地。

同理，企业间的商战也如此。"先下手为强，后下手遭殃"，在日益激烈的竞争环境中，抢先一步采取行动有利于企业获得先机之利，在竞争对手采取进攻之前就先发制人，攻占市场，获取市场主动权，并在客户关系管理、供应链管理、渠道管理、服务管理等方面积累优势，即使哪天竞争对手突如其来地发动进攻，企业也能从容应对，获取胜利。

美国苹果公司就是抢先一步的典型例子。苹果公司一直以来都重视技术创新，且能够迅速地将技术创新成果导入市场，取得市场先机，获得竞争优势。例如，苹果公司率先推出多功能智能手机 iPhone 1，且快速地对 iPhone 1 进行更新换代，不断推出 iPhone 2、iPhone 3GS、iPhone 4、iPhone 4S、iPhone 5，从而受到了消费者的热捧，占领了大片市场。同行业的竞争对手为了应对竞争，不得不对 iPhone 进行模仿和复制，推出其他类型的智能手机，但由于不具备时间领先的优势，因而难以与苹果公司抗衡。

美国的硅谷，是一个扬名于世界的高科技地区，它的制胜秘诀就在于技术研发的快速多变。在硅谷，企业若不采取抢先一步的策略，就会被同行业竞争者取而代之。以 IT 行业为代表的技术性企业，有一个著名的摩尔定律，这个定律的核心是：芯片的晶体管数量每两年增加一倍，其基本意思是技术研发速度至上，其要点是："更快、更小、更便宜"。

企业要想在市场上占据领导地位，那么技术研发速度必须要快，新产品的生命周期要比竞争者短，这样才能不断注入新鲜血液，从而牢牢地把握住消费者。

抢先一步，取先机之利能够为企业带来成功，然而，迟人半步是否一定会一败涂地呢？

其实不然，迟人半步通常是持久战中的一个重要策略，因为持久战需要耗费双方大量的精力和资源，若一开始没有足够的把握，则应该保存实力，在战争中积累经验和资源，到最后才厚积薄发，攻其不备，取得胜利。

企业的商战有时候也是一场持久战，也需要实行迟人半步的策略。企业不快人一步地研发新技术，而是迟人半步，等到竞争者研发出新技术后，再充分研究竞争者新产品的优缺点，并在此基础上研发出比竞争对手更先进的技术，制造出比竞争对手更好的产品。这种迟人半步的技术研发策略，不仅可以节省技术研发的时间，而且能对竞争者造成严重打击。

例如，我国著名的白色家电生产企业海尔自进入洗衣机市场以来，就一直采用迟人半步的策略，不急于在竞争对手之前推出新产品，而是静观市场，致力于高新技术的研发，从而推出了一系列具有高级功能的洗衣机新产品，如"小神童"电脑波轮式全自动洗衣机、"玛格丽特"洗衣、脱水、烘干功能三合一全自动洗衣机等。迟人半步的策略帮助海尔在洗衣机市场上获得了巨大的成功。

"欲速则不达"，若企业急于求成，盲目地求快求新，就会忽略客户的需求，同时难以发现目前技术的缺陷和产品的不足。迟人半步能够使企业从狂热的竞争中冷静下来，就如海尔那样，静观市场，分析竞争对手技术及产品的优点和不足，再对自身的技术及产品进行准确的定位，从而在开发和生产过程中扬长避短，开发出更先进、更完善的技术，生产出更符合客户需求的产品，以获取市场竞争优势。

抢先一步和迟人半步是两个相反的策略，但它们都能够帮助企业在竞争中取胜。企业在制定时间上的策略时，应根据技术市场与竞争市场的具体情况进行细致的分析，慎重的选择，力求在市场竞争中不断取胜。

本章小结

产品创新、技术人才、技术研发是技术开发与管理的核心内容，本章针对这三部分内容，结合管理哲学与艺术进行了探讨，其探讨内容为人无我有、人有我好、人好我新；善用技术人才；抢先一步与迟人半步。

人无我有、人有我好、人好我新即是企业在商场中竞争时，必须以常规产品与竞争者正面交锋，利用新开发的产品战胜竞争者，占领市场。

对于技术企业，技术人才是最宝贵的，企业获得了技术人才，就等于掌握了核心技术，获得了市场，这也是善用技术人才所要表达的含义。

抢先一步，也就是说，企业要在市场占据领导者地位，技术研发速度必须要快，新产品的生命周期要比竞争者短，这样才能牢牢地把握住消费者。但同时也要坚持"迟人半步"的哲学，静观市场，完善产品，从而战胜竞争对手。

参 考 文 献

［1］M. W. Cohen, D. A. Levinthal. Absorptive Capacity: A New Prospective on Learning and Innovation ［J］. Administrative Science Quarterly, 1990 (35).

［2］R. G. Cooper, S. J. Edgett, E. J. Kleinschmidt. Portfolio Management for New Product Development: Results of an Industray Practices Study ［J］. Product Development Institute, 2006, Working Paper, No.13.

［3］E. H. Bowman, G. T. Moskowitz. Real Options Analysis and Strategic Decision Making ［J］. Organizations Science, 2001 (12).

［4］Thomas Allen. Managing the Flow of Technology: Technology Transfer and the Dissemination of Technological Information within the R&D Organization ［M］. Cambridge, MA: MIT Press, 1977.

［5］H. Courtney. 20/20 Foresight Craft Strategy in An Uncertain World ［M］. Boston: Harvard Business School Publishing, McKinsey & Company, 2001.

［6］Shawn Sarbacker. Application of a Framework for Evaluating Risk in Innovation Product Development ［J］. International Journal of Agile Manufacture, 1998 (3).

［7］Edward Roberts, Alan Fusfeld. Staffing the Innovative Technology –based Organization ［J］. Sloan Management Review, Spring 1981.

［8］R. Seider. Optimizing Project Portfolios ［J］. Research Technology Management, 2006 (4).

［9］S. C. Goh. Toward a Learning Organization：The Strategic Building Block ［J］. Sam Advanced Management Journal，Spring，1998.

［10］J. Y. Murray，M. Kotabe. Sourcing Strategies of U.S. Service Companies：A Modified Transactioncost Analysis［J］. Strategic Management Journal，1999（7）.

［11］P. Anslinger，J. Jenk. Creating Successful Allians ［J］. The Journal of Business Strategy，2004（2）.

［12］Satish Jindel. New Competition for USPS［J］. Traffic World，2003，267（17）.

［13］V. K. Narayanan. 技术战略与创新 ［M］. 北京：电子工业出版社，2005.

［14］鲁若愚，银路. 企业技术管理 ［M］. 北京：高等教育出版社，2006.

［15］尹尊声，姜彦福. 技术管理 ［M］. 上海：上海人民出版社，2006.

［16］陈劲，王方瑞. 技术创新管理 ［M］. 北京：清华大学出版社，2006.

［17］刘镇武，刘炳义，董秀成，张建军. 企业技术创新与管理 ［M］. 北京：石油工业出版社，2004.

［18］舒尔德·舍曼. 新技术开发管理 ［M］. 北京：中信出版社，2001.

［19］哈里森，萨姆森. 技术管理 ［M］. 北京：清华大学出版社，2003.

［20］张剑. 产品开发与技术经济分析 ［M］. 北京：冶金工业出版社，2003.

［21］吴贵生. 技术创新管理 ［M］. 北京：清华大学出版社，2000.

［22］吴晓波，杜健. 技术创新的管理：战略视角 ［M］. 北京：电子工业出版社，2008.

［23］唐方成. 新技术的商业化战略 ［M］. 北京：科学出版社，2010.

［24］吴信龙. 浅议技术商品价格制定 ［J］. 合作经济与科技，2009（367）.

［25］Melissa Schilling. 技术创新的战略管理 ［M］. 北京：清华大学出版社，2005.

［26］银路，王敏. 新兴技术管理导论 ［M］. 北京：科学出版社，2011.

［27］乔治·戴，保罗·休梅克. 沃顿论新兴技术管理 ［M］. 北京：华夏出版社，2002.

[28] 华宏鸣，郑绍濂.高新技术管理［M］.上海：复旦大学出版社，1995.

[29] 李仕明，肖磊，萧延高.新兴技术管理研究综述［J］.管理科学报，2007（12）.

[30] 刘炬，李永健.对新兴技术及其不确定性的若干讨论［C］.管理科学论坛——新兴技术管理会议论文合集，2005.

[31] 徐金石，陶田.企业管理与技术经济［M］.北京：机械工业出版社，2003.

[32] 高旭东."后来者劣势"与我国企业发展新兴技术的对策［C］.管理科学论坛——新兴技术管理会议论文合集，2005.

[33] 银路，石忠国，王敏.新兴技术：概念、特点和管理新思维［J］.现代管理科学，2005（4）.

[34] 赵钢，郭斌.技术、技术资源与技术能力［J］.自然辩证法通讯，1997（5）.

[35] 唐青，熊佳彦，罗玲.浅谈企业知识管理存在的问题及对策［J］.科技创业月刊，2006（10）.

[36] 雷蒙化工技术开发领先一步——柠檬酸酯无毒增塑剂可放心使用［J］.化学经济信息，2006（1）.

[37] 丹尼尔·佩多索.技术管理及应用［M］.海口：海南出版社，2003.

[38] 徐国强.统计预测和决策［M］.上海：上海财经大学出版社，2005.

[39] 骆永菊，郑蔚文.财务管理实用教程［M］.北京：北京大学出版社，2009.

[40] 刘文纲，汪林生，孙永波.跨国并购中的无形资源优势转移分析——以 TCL 集团和万向集团跨国并购实践为例［J］.中国工业经济，2001（3）.

[41] 谢洁.跨国公司在中国的技术扩散［J］.跨国经营.1998（11）.

[42] 刘光明.企业文化案例［M］.北京：经济管理出版社，2003.

[43] 包晓闻，刘昆山.企业核心竞争力经典案例（欧盟篇）［M］.北京：经济管理出版社，2005.

[44] 李双玫，冯冈平. 谈广东零售企业适应新技术应用的组织结构构建 [J]. 商场现代化，2005（1）.

[45] 罗利元，高亮华. 知识企业案例 [DB/OL]. 全球品牌网，2006-04-14.

[46] 张洁梅. 企业并购后的知识整合——以 TCL 并购阿尔卡特为例 [J]. 企业改革与发展，2011（9）.

[47] 柯博文. iPad 开发技术与案例分析 [J]. 程序员，2010（5）.

[48] 李莹. 信息产品的定价方式 [J]. 图书情报知识，2004（3）.

[49] 杨蔚. 美国苹果公司 iPod 产品的定价及营销策略分析 [J]. 中国物价，2007（2）.

[50] 李云娥，丁娟. 美国企业技术创新战略联盟的发展及案例分析 [J]. 生产力研究，2007（23）.

[51] 欧阳桃花，周云杰，王玮. 家电企业的战略联盟——海尔与三洋的案例研究 [J]. 国际化环境与跨国经营，2004（7）.

[52] 谢祖墀. 苹果的组织创新 [J]. 管理学家，2011（8）.

[53] 周玲，钟琳. 国内外五公司知识管理的案例调查分析 [J]. 图书情报工作，2002（7）.

[54] 李景峰，陈雪. 企业知识获取——以"汾酒股份"为例 [J]. 图书情报工作，2009（2）.

[55] 克隆技术专利权到底属谁 [J]. 中国禽业导刊，2002（8）.

[56] 清洁能源　和谐发展——英利绿色能源控股有限公司履行社会责任纪实 [J]. 中国总会计师，2010（88）.

[57] 贺鹏飞. CAE 技术的全球化 [J]. 计算机辅助工程，2008（1）.

后　记

2011 年 9 月，中国社会科学院哲学社会科学创新工程正式启动，该工程将学术观点和理论创新、学科体系创新与管理创新、科研方法与手段创新作为创新的主要内容。创新工程的理念与我们的构思不谋而合，在团队成员的共同努力下，我们完成了《21 世纪工商管理文库》的编写工作，本文库始终把实践和理论的结合作为编写的基本原则，寄希望能为中国企业的管理实践提供借鉴！

一、我们的团队

我们的团队是由近 200 名工商管理专业的硕士、博士（大部分已毕业，少数在读）组成的学习型团队。其中已毕业的硕士、博士绝大多数是企业的中高层管理者，他们深谙中国企业的发展现状，同时又具备丰富的实践经验，而在读硕士、博士则具有扎实的理论基础，他们的通力合作充分体现了实践与理论的紧密结合，作为他们的导师，我感到无比的自豪。根据构思及团队成员的学术专长、实践经验、工作性质、时间等情况，我们挑选出 56 名成员直接参与这套文库的编写，另外还邀请了 62 名（其中 5 名也是编写成员）在相关领域具有丰富理论和实践经验的人员针对不同的专题提出修改意见，整套文库的编写人员和提供修改意见的人员共有"113 将"。我是这套文库的发起者、组织者、管理者和领导者，同时也参与整套文库的修改、定稿和部分章节的编写工作。

本套文库从构思到定稿历时 8 年，在这 8 年的时间里，我们的团队经常深入企业进行调研，探究企业发展面临的问题和困境，了解企业管理者的困惑和需要，进一步将理论应用于实践并指导实践。我们经历了很多艰辛、挫折，但不管多么困难，总有一种使命感和责任感在推动着我们，让我们勇往直前，直至这套文库问世。

本套文库在中国社会科学院工业经济研究所研究员、经济管理出版社社长张世贤教授的大力支持和帮助下被纳入中国社会科学院哲学社会科学创新工程项目，并得到该项目在本套文库出版上的资助，同时，张世贤教授还参与了本套文库部分书籍的审稿工作，并且提出了很多宝贵的意见。另外，经济管理出版社总编室何蒂副主任也参与和组织了本套文库的编辑、审稿工作，对部分书籍提供了一些有价值的修改意见，同时还对本套文库的规范、格式等进行了严格把关。

有56名团队成员参加了本套文库的编写工作，他们为本套文库的完成立下了汗马功劳。表I列出了这些人员的分工情况。

表 I   团队成员分工

书名	编写成员
1. 战略管理	龚裕达（中国台湾）、胡中文、温伟文、王蓓蓓、杨峰、黄岸
2. 生产运作管理	李佳妮、胡中文、李汶娥、李康
3. 市场营销管理	胡琼洁、李汶娥、谢伟、李熙
4. 人力资源管理	赵欣、马庆英、李汶娥、谭笑、陈志杰、卢泽旋
5. 公司理财	赵欣、易强、胡子娟、向科武
6. 财务会计	陈洁、周玉强、高丽丽
7. 管理会计	高丽丽、胡中文、符必勇
8. 企业领导学	张伟明、黄昱琪（中国台湾）
9. 公司治理	黄剑锋、符斌、刘秋红
10. 创业与企业家精神	张伟明、严红、林冷梅
11. 企业后勤管理	赵欣、钱侃、林冷梅、肖斌
12. 时间管理	苏明展（中国台湾）、胡蓉
13. 企业危机管理	胡琼洁、林冷梅、钱侃
14. 企业创新	符斌、刘秋红
15. 企业信息管理	肖淑兰、胡蓉、陈明刚、于远航、郭琦
16. 企业文化管理	符斌、谢舜龙
17. 项目管理	于敬梅、周鑫、陈赟、胡亚庭
18. 技术开发与管理	胡中文、李佳妮、李汶娥、李康

书名	编写成员
19. 设备管理	马庆英、于敬梅、周鑫、钱侃、庞博
20. 公共关系管理	谢舜龙、符斌、余中星、吴金土（中国台湾）、刘秋红
21. 组织行为学	马庆英、赵欣、李汶娥、刘博逸
22. 无形资产管理	张伟明、陈洁、白福歧
23. 税务筹划	肖淑兰、陈洁
24. 宏观经济学	赵欣、汤雅琴
25. 金融机构经营与管理	胡琼洁、汤雅琴、江金
26. 行政管理学	温伟文、张伟明、林冷梅
27. 商法	高丽、胡蓉
28. 管理科学思想与方法	陈鸽林、陈德全、郭晓、林献科、黄景鑫
29. 管理经济学	周玉强、汤雅琴
30. 企业管理发展的新趋势	龚裕达（中国台湾）、符斌
31. 企业管理的哲学与艺术	龚裕达（中国台湾）、黄昱琪（中国台湾）

有 62 名企业界的中高层管理人员、从事工商管理研究的学者以及政府公务员为我们的编写工作提供了建设性修改意见，他们的付出对提升本套文库的质量起到了重要的作用。表 II 列出了这些人员对相应书籍的贡献。

表 II 提供修改意见的人员名单及贡献

姓名	书名	工作单位、职务或职称	
1. 张世贤	商法 宏观经济学	中国社会科学院工业经济研究所 经济管理出版社	研究员 社长
2. 何蒂	管理会计 时间管理	经济管理出版社总编室	副主任
3. 邱德厚（澳门）	管理经济学 企业危机管理	广东彩艳集团	董事长
4. 冯向前（加拿大）	税务筹划	国际税务咨询公司 中国注册执行税务师	总经理
5. 陈小钢	行政管理	广州市黄埔区	区委书记
6. 温伟文	宏观经济学	广东省江门市蓬江区政府 （原广东省江门市经信局局长）	区长
7. 曹晓峰	公共关系管理	广东交通实业投资有限公司	董事长
8. 梁春火	企业领导学	广东移动佛山分公司	总经理
9. 邓学军	市场营销管理	广东省邮政公司 （原广东省云浮市邮政局局长）	市场部经理
10. 冯礼勤（澳大利亚）	企业创新	迈克斯肯国际有限公司	董事长
11. 马兆平	人力资源管理	贵州高速公路开发总公司	副总经理

姓名	书名	工作单位、职务或职称	
12. 武玉琴	项目管理	广东恒健投资控股有限公司投资部 北京大学经济学院博士后	副部长
13. 方金水	金融机构经营与管理	交通银行深圳分行	副行长
14. 陈友标	时间管理	广东华业包装材料有限公司	董事长
15. 李思园（中国香港）	公司理财	香港佳宇国际投资有限公司	总经理
16. 李志新	企业领导学	广州纺织工贸企业集团有限公司	董事长
17. 郑锡林	人力资源管理	珠海市华业投资集团有限公司	董事长
18. 李活	项目管理	茂名市金阳热带海珍养殖有限公司	董事长
19. 朱伟平	战略管理 人力资源管理	广州地铁广告有限公司	总经理
20. 沈亨将（中国台湾）	战略管理	广州美亚股份有限公司	总经理
21. 罗文标	生产运作管理 人力资源管理	华南理工大学研究生院	研究员
22. 张家骕	企业危机管理	北京德克理克管理咨询有限公司	董事长
23. 廖洁明（中国香港）	企业危机管理	香港警务及犯罪学会	主席
24. 陈国力	项目管理	广州洪珠投资有限公司	总经理
25. 黄正朗（中国台湾）	财务会计 管理会计 无形资产 公司理财	台一国际控股有限公司	副总经理
26. 彭建军	创业与企业家精神	恒大地产集团	副总裁
27. 应中伟	时间管理	广东省教育出版社	社长
28. 黄昱琪（中国台湾）	税务筹划	广东美亚股份有限公司	副总经理、财务总监
29. 黄剑锋	市场营销管理	中国电信股份有限公司广州分公司市场部	副总经理
30. 周剑	技术开发与管理 公司治理	清华大学能源研究所副教授	博士后
31. 杨文江	公司治理	广州御银股份有限公司	董事长
32. 陈洪海	公司理财	深圳联通龙岗分公司	副总经理
33. 沈乐平	商法	华南理工大学工商管理学院教授	博士生导师
34. 谢舜龙	行政管理	汕头大学商学院	MBA 中心副主任
35. 刘璇华	企业创新	广东工业大学科研处副处长	教授
36. 吴晓宝	创业与企业家精神	广州增健通信工程有限公司	董事长
37. 周枝田（中国台湾）	企业后勤管理 生产运作管理	诚达集团	副总经理
38. 许陈生	宏观经济学 管理经济学	广州外语外贸大学经贸学院	教授
39. 何莽	设备管理 税务筹划	中山大学旅游管理学院	博士后
40. 苏明展（中国台湾）	设备管理	广州德进机械设备安装有限公司	总经理
41. 李建喜	市场营销管理	广州新福鑫智能科技有限公司	副总经理

姓名	书名	工作单位、职务或职称	
42. 李茂松	企业后勤管理	暨南大学华侨医院后勤产业集团	副总经理
43. 羊卫辉	宏观经济学 管理经济学	股票、期货私募操盘手、私人投资顾问	
44. 周文明	生产运作管理 技术开发与管理	广电运通金融电子股份有限公司	厂长
45. 王步林	商法	广州金鹏律师事务所	合伙人、律师
46. 刘军栋	企业信息管理	合生创展集团有限公司信息化办公室	经理
47. 张振江（中国台湾）	无形资产管理	南宝树脂东莞有限公司	总经理
48. 程仕军（美国）	公司理财 财务会计 管理会计 公司治理	美国马里兰大学商学院财务系	副教授
49. 黄奕锋	行政管理学	广东省国土资源厅	副厅长
50. 翁华银	战略管理 市场营销管理	广州行盛玻璃幕墙工程有限公司	董事长
51. 李希元	企业危机管理	广东省高速公路股份有限公司	总经理
52. 叶向阳	金融机构经营与管理	中国邮储银行广东省分行	财务总监
53. 杜道洪	公司理财	广州滔记实业发展集团有限公司	总经理
54. 李飚	组织行为学 人力资源管理	广州市社会科学研究院	研究员
55. 吴梓锋（澳大利亚）	市场营销管理 项目管理 战略管理	澳大利亚雄丰股份有限公司	董事长
56. 薛声家	管理科学思想与方法	暨南大学管理学院教授	博士生导师
57. 左小德	管理科学思想与方法	暨南大学管理学院教授	博士生导师
58. 周永务	管理科学思想与方法	华南理工大学工商管理学院教授	博士生导师
59. 贺臻	创业与企业家精神	深圳力合创业投资有限公司	总经理
60. 方向东	项目管理	新八建设集团有限公司南方公司	总经理
61. 梁岳明	公司理财	广东省教育服务公司	总经理
62. 邓俊浩	企业文化管理	广州精心广告有限公司	总经理

注：3~47 为团队成员，1~2 和 48~62 为外请成员。

二、致谢

在本套文库的编写过程中，我们参阅了大量古今中外的文献并借鉴了一些专家、学者的研究成果，尤其是自管理学诞生以来的研究成果。对此，本套文库尽最大可能在行文当中予以注明，并在书后参考文献中列出，但仍难免会有疏漏，在此向所有已参考过的文献作者（国内的和国外的，已列出的和未列出的）表示衷心的感谢！

另外，还要特别感谢参加本套文库的编写人员和提出修改意见的人员，是你们这"113将"的勤奋和智慧才使该文库的构思得以实现。随着这套文库的问世，中国企业会永远记住你们，感激你们！

经济管理出版社是我国经济管理类的中央级出版社，它以严谨的学术、广泛的应用性以及规范的出版而著称。在此，我们非常感谢经济管理出版社的领导和所有工作人员对本套文库的出版所做的工作和提供的支持！

我还要感谢暨南大学这所百年华侨学府，"始有暨南，便有商科"。巧合的是，管理学和暨南大学几乎同时诞生，在此，就让《21世纪工商管理文库》作为管理学和暨南大学的百年生日礼物吧！

我们真诚地希望并欢迎工商管理界的学者和企业家们对本套文库提出宝贵意见，以使该套文库能更好地为中国企业服务，从而全面提升中国企业的管理水平！

夏洪胜

2013 年 12 月